健康保険証廃止にストップを

マイナンバーカードと保険証の一体化、その目的は医療情報の利活用

黒田 充
（自治体情報政策研究所代表）

日本機関紙出版センター

目次　健康保険証廃止にストップを　マイナンバーカードと保険証の一体化、その目的は医療情報の利活用

第5章　マイナンバー制度とプロファイリング……72

第6章　なぜ起きたマイナンバーの誤登録……94

第1章　マイナンバーカードをめぐって今、起きている問題

■オンライン資格確認とは

私たちは病院、医科・歯科診療所、保険薬局（以下、「医療機関等」）で診療等を受ける際に、窓口で健康保険証を提示します。これは、自分が加入している健康保険（健康保険組合、全国健康保険協会、共済組合、市町村国保、後期高齢者医療制度など）がどこであるのかを医療機関等に示すためです。医療機関等は提示された健康保険証を見ることで、訪れた患者がどこの保険に加入しているかの確認、すなわち資格確認ができます。この確認によって、私たちは保険診療を受けることができるのです。なお、健康保険事業の運営主体である健康保険組合（以下、「健保組合」）、全国健康保険協会（以下、「協会けんぽ」）、共済組合、市町村国保、国民健康保険組合、後期高齢者医療制度などのことを保険者といいます。[1]

この資格確認を、マイナンバーカードを使って医療機関等のコンピュータと健康保険加入者の個人情報を記録しているコンピュータとの情報のやりとり、すなわちオンラインでリアルタイムに行うのが、「マイナンバーカードの健康保険証利用」、「マイナンバーカードと健康保険証の一体化」、いわゆる「マイナ保険証」です。そして、政府はこの仕組みを「オンライン資格確認」と呼んでいます。

オンライン資格確認が始まったのは２０２１年10月（プレ運用の開始は２０２１年３月）ですが、医療機関等の準備が中々進まないことから、政府は「経済財政運営と改革の基本方針２０２２　新

しい資本主義へ～課題解決を成長のエンジンに変え、持続可能な経済を実現～」、いわゆる骨太方針2022に「オンライン資格確認について、保険医療機関・薬局に、2023年4月から導入を原則として義務付ける」ことを明記し、2022年6月7日に閣議決定しました。この閣議決定を受け、9月5日には、健康保険法に基づき保険医が守る義務を定めた厚生労働省令である「保険医療機関及び保険医療養担当規則（療養担当規則）」に、2023年4月からオンライン資格確認の導入を原則として義務付ける旨が盛り込まれました。これはオンライン資格確認を導入しなければ、保険診療ができなくなる、すなわち訪れた患者に10割負担を求めなければならなくなることを意味します。

このように医療機関等に対するオンライン資格確認導入の原則義務付けは、法によらず閣議決定と省令によって決められたのです。そして2022年10月13日には、河野太郎デジタル大臣が記者会見で、現行の健康保険証を2024年秋に廃止することを表明しました。日本は国民皆保険制度をとっていますから、健康保険を利用する限りマイナンバーカードを持たざるを得なくなります。マイナンバーカード取得の事実上の義務化です。

■マイナンバーカードを健康保険証として使うには

マイナンバーカードを健康保険証の代わりに使う手順は次の通りです。

①郵送やインターネットにつながったパソコン、スマートフォン（以下、「スマホ」）、街角の証明用写真機などを使って、マイナンバーカードの交付申請を行い、後日、市役所や区役所、町村役場（以

下、「市役所等」）の窓口等で交付を受けます。

②パソコンやスマホなどを使ってマイナポータルにアクセスし、マイナンバーカードを健康保険証として利用する登録を行います。登録はマイナンバーカードを初めて医療機関等で健康保険証の代わりとして使う際にカードリーダーで行うことや、市役所の窓口などでも行えます。マイナポータルは、政府が行政機関等の保有する個人情報をパソコンやスマホで閲覧できるように、政府が国民に向けて行っているサービスです（詳しくは第７章を）。また、登録はセブン銀行のＡＴＭでも可能です。

③診療等を受けるために医療機関等を訪れた際に、窓口に置かれた顔認証機能が付いたカードリーダーにマイナンバーカードを置きます。

④顔認証か、マイナンバーカード交付時に設定した４桁の暗証番号を入力することで、マイナンバーカードをカードリーダーに置いた者が、マイナンバーカードの正しい持ち主であるかどうかの確認（本人確認）をします。顔認証はカードリーダーに備わっているカメラで写した顔と、マイナンバーカードのＩＣチップにデジタルデータとして記録されている顔写真（マイナンバーカードの交付申請書に添付したもの）とが一致しているかどうかを自動的に照合する仕組みです。

オンライン資格確認を行うシステムは、医療機関等に医療情報（特定健診、薬剤、診療情報）をもオンラインで提供する機能を持っています。提供するには、本人確認を行う際にカードリーダーの画面に表示される「同意」をクリックする必要があります。「同意しない」をクリックすれば、もちろん提供されれません。

こうしたオンライン資格確認を実現するコンピュータシステムは「オンライン資格確認等システム」と呼ばれ、支払基金と国保中央会が共同で運営しています。なお、支払基金は「社会保険診療報酬支払基金」のことで健保組合、協会けんぽ、共済組合などについての、国保中央会は「国民健康保険中央会」のことで国民健康保険、後期高齢者医療制度についての、それぞれ診療報酬等審査支払業務等を行っている審査支払機関です。なお「同意」によって提供される診療情報は、医療機関から審査支払機関に保険者の負担分（患者の窓口負担が3割なら、残る7割分）を請求するために提出されたレセプト（診療報酬明細書）から抽出されたものです。[2]

⑤カードリーダーで本人であることが確認されると、オンライン資格確認等システムから健康保険に関する資格情報（健康保険加入者の氏名・性別・生年月日、保険者名、被保険者番号［健康保険証に記載されている記号＋番号＋枝番］、負担割合など）が医療機関等にオンラインで届きます。

以上が、マイナンバーカードを使ったオンライン資格確認の手順です。

なお、これまで健康保険証を医療機関等に示すのは初診の際か、再診の場合であれば月1回で済んでいました。しかし、マイナンバーカードを使ったオンライン資格確認の場合は、初診時はもちろん、再診時も毎回行う必要があるとされています。一方、利用登録は加入している健康保険が変わっても再度行う必要はなく、一生涯に1回だけで済みます。これはオンライン資格確認等システムが、被保険者番号を生涯に渡って履歴管理しているからです（詳しくは第8章を）。

ところで、マスコミなどは健康保険証の代わりに使えるようになったマイナンバーカードのことを「マイナ保険証」と表現していることがあります。しかし、そうした表現が許されるのなら、政府の計画通りマイナンバーカードが運転免許証としても使えるようになれば「マイナ免許証」と書くのかという問題が生じます。一体化した先に残るのはマイナ保険証とマイナ免許証の2枚ではなく、1枚のマイナンバーカードだけです。ですからマイナ保険証といった誤解や混乱を招く表現は本書では使わず、以下では、オンライン資格確認、もしくは厚生労働省の表記に従って「マイナンバーカードの健康保険証利用」、またはデジタル庁の表記にしたがって「マイナンバーカードと健康保険証の一体化」などとすることにします。また、マイナンバーカードを「マイナカード」と略すことも、マイナンバー（個人番号）を記したカードという意味を曖昧にすることにつながりますから本書では使いません。

■資格確認書の交付をめぐる混乱

政府は、2023年4月に医療機関等に対しオンライン資格確認の義務化を行うとともに、先の第211回通常国会（以下、「先の国会」）で、2024年秋に現在の健康保険証を廃止することなどを盛り込んだ健康保険法などの関連法の改正（立憲民主、共産、社民、れいわなどの反対、自民、公明、維新、国民民主などの賛成により2023年6月2日成立）を行いました。この改正により、既に発行済みの健康保険証の有効期間は、最も長くても健康保険証廃止から1年後の2025年秋までとなりました。

改正法には、マイナンバーカードを持たない者などオンライン資格確認ができない者には、本人の求めに応じて、健保組合、協会けんぽ、市町村国保などの保険者が健康保険証の代わりとなる資格確認書を交付することも盛り込まれています。

資格確認書に記載される事項は、現行の健康保険証と同様に、資格確認に必要な氏名・生年月日・性別・被保険者番号・保険者の名称・有効期限等になり、形状やサイズについても健康保険証と同様になるようです。また、交付は現行の健康保険証と同じく無料とされています。今後、資格確認書が具体的にどのようなものかが明らかになる従って、健康保険証と名称以外のどこが違うのかといった批判が高まるのは確実です。

資格確認書には有効期間が設けられます。政府は当初、1年を限度として保険者が定めるとしていました。また、資格確認書の交付の対象を厚生労働省は「マイナンバーカードによりオンライン資格確認を受けることができない状況にある者」とし、「マイナンバーカードを紛失した・更新中の者、介護が必要な高齢者やこどもなどマイナンバーカードを取得していない者、ベビーシッターなどの第三者が本人に同行して本人の資格確認を補助する必要がある場合など」と例示し、限定していました。[3]

しかし、それではマイナンバーカードを取得していない人たちは、保険者に対して、毎年、資格確認書の交付を求めることが必要となり、被保険者にとっても、保険者にとっても極めて煩雑となります。また、厚生労働省の例示通りだと、自らの意思でマイナンバーカードの取得を拒否している人たちは、資格確認書を取得できず、保険診療から排除されてしまいます。

国民からの批判が高まる中、岸田首相は2023年8月4日の記者会見にて、資格確認書の有効期間を5年を限度として保険者が定めることにするとともに、マイナンバーカードを保有していないもの全員に交付すると軌道修正しました。なお、改正された健康保険法等には資格確認書の期限に関する規定はもともと存在しません。また、法には「保険者が必要と認めるときは、本人からの申請によらず資格確認書を交付できる」との経過措置が盛り込まれており、松野博一官房長官は2023年7月6日の記者会見の際に、高齢者など資格確認書の申請が難しい人などを対象者に、保険者が職権で交付するといった柔軟な対応も想定していると述べていました。

岸田政権が2024年秋の健康保険証廃止に固執していることから見て、資格確認書の交付は恒久的な仕組みではなく、国民等（健康保険を利用する資格を持つ在留外国人等も含む）の一定程度がマイナンバーカードを持ち、利用登録を終え、もう必要ないと政府が判断するまでのあくまでも暫定的な措置とみるべきでしょう。「資格確認書がもらえるなら、たとえ申請が必要だとしても、健康保険証が廃止されたところで何の問題もない」とは残念ながらなりません。

健康保険証が廃止されれば、市町村国保などの保険料を年金収入などから口座振替で支払っているにもかかわらず、健康保険証がいつまで経っても届かない理由がわからず、資格確認書が届いてもその意味もわからず、保険診療が受けられない人たちがたくさん出て来る可能性もあります。これは正に命に関わる問題です。しかし、岸田政権から見れば、これもまた自己責任なのでしょう。

■資格確認書を必要とする人は5千万人

厚生労働省のウェブサイトによると2023年8月13日時点でのマイナンバーカードの健康保険証としての利用登録は、まだ日本の総人口のおよそ半分の6600万件に留まっています。[4] マイナンバーカードの保有者に対する率で見ても7割程度です。デジタル庁が公開している週ごとの利用登録数を見ると2023年2月末の184万件をピークに減少傾向にあり、8月は週あたり20万件程度です。[5]この傾向が続けば、2024年秋の時点で、5千万人ほどいることになります。また、マイナンバーカードを健康保険証として使えない人、すなわち資格確認書を必要とする人は、5千万人ほどいることになります。また、資格確認書の交付に関わる費用は膨大なものとなり、健保組合や協会けんぽ、市町村国保などの保険者の事務負担も、極めて大きなものとなるでしょう。市町村国保では1から2年ごとに有効期限を明記した健康保険証を交付していますから、資格確認書の交付は比較的容易かも知れません。しかし、期限を特に決めない健康保険証を交付している保険者も多数あります。こうした保険者は対象となる被保険者に対して資格確認書を滞りなく交付できるのでしょうか。

ところで、保険者が職権で資格確認書を交付するとした場合、どのようにしてマイナンバーカードを持たない者や、マイナンバーカードを持っていても利用登録をしていない者を特定するのでしょうか。オンライン資格確認等システムは、全ての健康保険加入者の資格情報を持っていますから、その中からマイナンバーカードの健康保険証の利用登録を行っていない者を抽出し、保険者毎にリスト化する機能を持っていると考えられます。このリストを各保険者に送りつければ、各保険者は職権で資格確認書を交付することが可能になります。もっとも、そうしたリストが届いたとしても、資格確認書の交付に関わって保険者の職員が処理しなければならない事務は確実に増えます。資格確認書の交付対象なのに届かない、自分の加入していない別の保険者の名で届いたなどといった新たなトラブルが多数発生するかも知れません。

■保団連調査で判明――医療機関の7割でトラブル

全国保険医団体連合会（以下、「保団連」）は、[6]会員の医療機関に対して行ったアンケート結果を2023年6月21日に公表しました。アンケート結果によると、回答をした医療機関1万26件の内、オンライン資格確認を運用しているのは8437件でしたが、その内の65・1％の5493件でトラブルがあったと答えています。トラブルの中味（複数回答）は「被保険者情報が正しく反映されていなかった（無効・該当資格なしと表示されたなど）」が66・3％、「カードリーダーまたはパソコンの不具合でマイナ保険証を読み取りできなかった」が48・4％、「マイナ保険証の不具合で読み取りできなかった」が20・0％、「トラブルに対して患者から苦情を言われた」が12・4％でした。

トラブルへの対応（複数回答）については、「持ち合わせていた健康保険証で資格確認をした」が74・9％、「レセプトコンピュータのメーカーに相談をした」が28・4％、「前回来院時の情報をもとに対応をした」が21・6％、「保険者に連絡をして相談した」が18・9％、「オンライン資格確認のコールセンターに連絡をした」が11・6％となっています。

また、「トラブル時にすぐに対応できなかったことがあった」と39・9％が答えており、その理由（複数回答）は「健康保険証を持ち合わせておらず、すぐに資格を確認できなかった」38・6％、「レセプトコンピュータのメーカーに連絡をしたが、すぐにつながらなかった」30・7％、「オンライン資格確認のコールセンターに連絡をしたが、すぐにつながらなかった」24・5％、「保険者に連絡したが、資格を確認できなかった」12・6％となっています。

こうしたトラブルによって、保険資格が確認できず「無保険扱い」となり、窓口で10割請求をしたケースが1291件もあったことが明らかになりました。さらに、他人の情報が紐づけられていたケースも114件あったと報告されています。

■次々と発覚するトラブル

保団連の調査結果や、マスコミ報道などをもとに、マイナンバーカードの健康保険証利用に関して、医療機関等の窓口で起きているトラブルを以下、整理してみました。

まず、第一に別人の資格情報や医療情報がカードリーダーや医療機関等のコンピュータに表示されるトラブルです。医療機関等が表示されたのが別人の情報であると気がつかなければ、別人の過去の投薬や診療情報などに基づいて診療が行われる危険性があります。急患の初診や本人が意識を失っている場合などでは、その可能性が大きくなるのは間違いないでしょう。医療機関がオンライン資格確認で得た情報だけで対処するはずはないと考える人も、いるかも知れません。しかし、政府は2023年6月9日にデジタル社会形成基本法の規定に基づき閣議決定した「デジタル社会の実現に向けた重点計画」(以下、「2023重点計画」)において、2024年度中に「救急現場で、患者の意識がない場合等でもレセプト情報を基にした薬剤情報や診療情報の共有を可能とし、救急患者を受け入れる医療機関が一元的かつ即時に医療情報を把握できるようにする」としています。ここでいうレセプト情報は、オンライン資格確認等システムによって提供されるものと考えてよいでしょう。さらに、オンライン資格確認等システムを使って医療機関等に提供される医療情報を今後、電子カルテや電子処方箋などに拡大することも計画しています。別人の情報が表示されるといった間違いが払拭されなければ、危険性がいよいよ増すことになります。これは命に関わる問題です。

第二に、転職や引っ越しなどにより加入している健康保険が変わったにもかかわらず、変更前の資格情報が表示されるトラブルです。

第三に、健康保険に加入しており保険診療を受ける資格があるにもかかわらず、資格がないとカードリーダーの画面に表示されるトラブルです。転職や引っ越しなどで加入している健康保険が変わった直後である場合と、加入先の変更など何もしていないにもかかわらず資格なしと表示される場合があります。

第四に、カードリーダーで顔認証をした際に、本人であるにもかかわらず「本人ではない」と表示されるトラブルです。

第五に、マイナンバーカード自体や、カードリーダー、オンライン資格確認システムとつながっている医療機関等のコンピュータシステムの不具合、通信障害などで本人確認ができなかったり、資格情報を取得できなかったりするトラブルです。

さらに市町村国保に加入している高齢者の本人負担割合が間違って表示されてしまうトラブルも起きています。保団連は「実施した調査では、少なくとも17都府県で健康保険証の券面と異なる窓口負担割合が表示された事例が報告」されたとし、「千葉県保険医協会が7月20日に公表した調査では少なくとも50医療機関で健康保険証の券面とオンライン資格確認システム上のデータ表示が異なる事例を経験」しており、「75歳以上医療費窓口2割化により『令和4年10月から窓口負担割合が2割となった後期高齢者のほとんどが、マイナ保険証だと1割になる』という事例も報告」されてるとしています。[7]

こうしたトラブルが生じた際には、本人が健康保険証も持参していないと、保団連の先のアンケート結果からも明らかなように窓口で10割負担を強いられたり、また本来の負担割合以上の支払いを求められたりする場合が出て来ます。こうした事態に対し、保団連は受診時には今まで通り健康保険証を持参するように呼びかけています。

■オンライン資格確認利用推進本部を設置

窓口で10割負担を強いられるなどトラブルが多発したことを受け、厚生労働省は「国民が安心してマイナンバーカードを健康保険証として利用できる環境を整備」することを目的に急遽、「オンライン資格確認利用推進本部」（本部長：厚生労働大臣）を立ち上げ、６月29日に開いた第１回会合で「マイナンバーカードによるオンライン資格確認が行えない場合の対応」とする対策などを打ち出しました。[8] それはオンライン資格確認ができず、健康保険証も持参していなかった場合は、本人にマイナンバーカードの券面に表示されている氏名や生年月日、住所とともに、保険者の名称、窓口負担の割合などを「被保険者資格申立書」に書いてもらうことで、窓口での本人負担を３割にするものです。

しかし、資格申立書への必要事項の記入は、従来の健康保険証での窓口対応と比べるまでもなく、受診者本人にも、それを求める医療機関等にも大きな負担となります。さらに資格申立書に記入された氏名や生年月日、住所などから加入している健康保険はどこなのかの特定は、オンライン資格確認等システムが使える場合は医療機関等が行う――他人と間違い誤請求する可能性も当然ある――とされており、これもまた医療機関等にさらなる負担を強いることになるでしょう。なお、資格申立書に記入された情報をもとに調べた結果、もし患者が「無保険」であることがわかった場合や、加入している保険者を特定できなかった場合は、保険者等が医療機関等に差額を補塡するとしています。

ところで、マイナンバーカードを使ったオンライン資格確認の場合は、診療を受ける度に毎回、資格確認を行うことが必要とされていますから健康保険証を持参しなければ、最悪の場合、再診に訪れる度にトラブルに見舞われ、資格申立書を何度も書かされるはめになるかも知れません。

■さば読みされていたマイナンバーカードの交付枚数

松本剛明総務大臣は、2023年7月14日の記者会見で、総務省がこれまでマイナンバーカードの交付枚数として公表してきたものは累計であり、その中には既に廃止されたカードの約500万枚が含まれていたことを明らかにしました。大臣は「例えば亡くなられた方であるとか、有効期限が切れた場合であるとか、また、紛失の届出があった場合とか、前もお話をしましたが、カードの記載事項がいっぱいになって再発行するといった届出の場合、廃止になる理由は様々でパターンもいろいろある」と述べました。なお、廃止となった理由の内訳を総務省は公表していません。[9]

この会見を受け、2023年6月末時点での累計の交付枚数に加え、保有枚数（累計の交付枚数から死亡や有効期限切れなどにより廃止されたカードの枚数を引いたもの）が総務省のウェブサイトに掲示されました。それによると、累計の交付枚数は約9306万枚、これに対して保有枚数は8816万枚となっています。人口に対する比率で見ると、これまで公表してきた交付枚数、すなわち累計では73・9％となりますが、保有枚数で見ると70・0％と約4ポイント下がってしまいます。[10]

総務省の公表数字が累計であったことが「発覚」し、保有枚数を公表せざるを得なくなったのは、「毎日新聞」が2003年7月9日に「新潟県粟島浦村が5月末時点で交付率101・18％になったことが7日、関係者への取材で判明した」と報じたことがきっかけとなったようです。集計が見直された結果、粟島浦村の5月末時点での人口に対する「保有枚数率」は80・5％と20ポイント以上も下がってしまいました。この新聞報道がなければ、総務省は引き続き、さばを読み続けていたかも知れません。

ところで、人口約340人の粟島浦村は、住民と観光客の乗船・宿泊手続きの簡略化や、各種申請のオンライン化、電子クーポンの発行などにマイナンバーカードを活用する事業を行うとして、2023年度に「デジタル田園都市国家構想交付金」2億3900万円の交付を国から受けています。因みに同村の2020年度の普通会計の歳入額は約12億5千万円です。

なお、週ごとのマイナンバーカードの有効申請数はデジタル庁が公開している数値で見ると、マイナポイントがもらえるキャンペーンの終了間際の2023年2月末から3月初旬の1週間あたり約366万枚をピークに減少傾向となっています。7月は週あたり4万から7万件に過ぎず、[11]7月末の保有枚数は8904万枚と6月末に比べて、わずか88万枚しか増えていません。

1 厚生労働省「我が国の医療保険について」によると、各保険者の加入者数はそれぞれおよそ健保組合２８８４万人、協会けんぽ４０４４万人、共済組合８５４万人、市町村国保・国民健康保険組合１７１６万人、後期高齢者医療制度１８０３万人となっています。　https://www.mhlw.go.jp/stf/seisakunitsuite/bunya/kenkou_iryou/iryouhoken/iryouhoken01/index.html

2 社会保険診療報酬支払基金によると、提供される情報は、手術（移植・輸血含む）、入院料等のうち短期滞在手術等基本料、放射線治療、画像診断、病理診断、医学管理等、在宅医療のうち在宅療養指導管理料、処置のうち人工腎臓・持続緩徐式血液濾過・腹膜灌流に関わるものです。　https://www.iryohokenjyoho-portalsite.jp/faq/post-14.html

3 厚生労働省・第１６３回社会保障審議会医療保険部会（２０２３年2月24日）での配付資料「マイナンバーカードと健康保険証の一体化について」

4 厚生労働省「マイナンバーカードの健康保険証利用について」　https://www.mhlw.go.jp/stf/newpage_08277.html

5 デジタル庁「政策データダッシュボード（ベータ版）」　https://www.digital.go.jp/resources/govdashboard/

6 全国保険医団体連合会（略称「保団連」）のウェブサイトによると、１９６９年に結成された同連合会には、現在、全国47都道府県の51保険医協会・保険医会が加盟しており、会員は医科・歯科あわせて10万7千人を超え、開業医の63%が加入するとともに勤務医約２万人が加入しているとのことです。

7 保団連の厚生労働省保険局国民健康保険課宛の要望書「窓口負担誤登録　全容把握と根本原因の解明を（２０２３年7月26日付け）」　https://hodanren.doc-net.or.jp/info/news/2023-07-27/

8 厚生労働省「第1回オンライン資格確認利用推進本部の資料について」　https://www.mhlw.go.jp/stf/newpage_33921.html

9 松本総務大臣は２０２３年7月7日の記者会見で、マイナンバーカードの廃止について「『本人希望・その他』ということで47万枚ほど廃止していると報告を受けておりますが、この『本人希望・その他』の中には、ご本人が希望したカードの廃止、転入届出から90日を経過して継続利用処理が行われていない場合の廃止、外国人住民が在留期間満了前に在留期間の短縮によりカードを廃止、引っ越しを重ねたことにより、マイナンバーカードの追記欄があるのですが、余白がなくなって再発行することによる廃止などの件数が含まれておりまして、昨今、よく取り上げられている自主返納というのも、定義をどうするかということですが、今申しましたように、47万枚という中には様々なものが含まれて、この中に本人希望がどのぐらいあるのかというのが把握できる仕組みにはなっていないので、区分が、中では分からないわけです」と述べています。

10　総務省「マイナンバー制度とマイナンバーカード　マイナンバーカード交付状況について」　https://www.soumu.go.jp/kojinbango_card/kofujokyo.html

11　デジタル庁「政策データダッシュボード（ベータ版）」　https://www.digital.go.jp/resources/govdashboard/

第2章　健康保険証利用の仕組みとトラブルの原因

■オンライン資格確認の仕組み

オンライン資格確認の仕組みを厚生労働省のウェブサイトに掲載されている図（**図1**）をもとに見てみましょう。[12] まず、患者が診療を受けるために医療機関等を訪れた際に、窓口に置かれた「顔認証付きカードリーダー」に、自分のマイナンバーカードを置き（②）、顔認証か暗証番号の入力をすることで本人確認をします（③）。

カードリーダーは、マイナンバーカードを置いた者が本人であると確認できると、マイナンバーカードのICチップに記録されている公的個人認証の電子証明書のシリアルナンバー（発行番号）を読み取り、支払基金・国保中央会が管理するオンライン資格確認等システムに通信回線（光ファイバー等）を使って送ります（④）。注意が必要なのは、送られるのはマイナンバーではなく、シリアルナンバーだという点です。なお、電子証明書については第7章で詳しく解説しますが、電子証明書には署名用と利用者証明用の2つが記録されており、健康保険証利用で使われるのは利用者証明用電子証明書（以下、特段の断りがない限り「電子証明書」とする）です。

本来、マイナンバーカードのICチップから電子証明書のシリアルナンバーを取り出すには、マイナンバーカード交付時に設定した4桁の暗証番号が必要です。しかし、オンライン資格確認等システムではカードリーダーで顔認証することで暗証番号の入力をしなくても済むように作られていま

図1

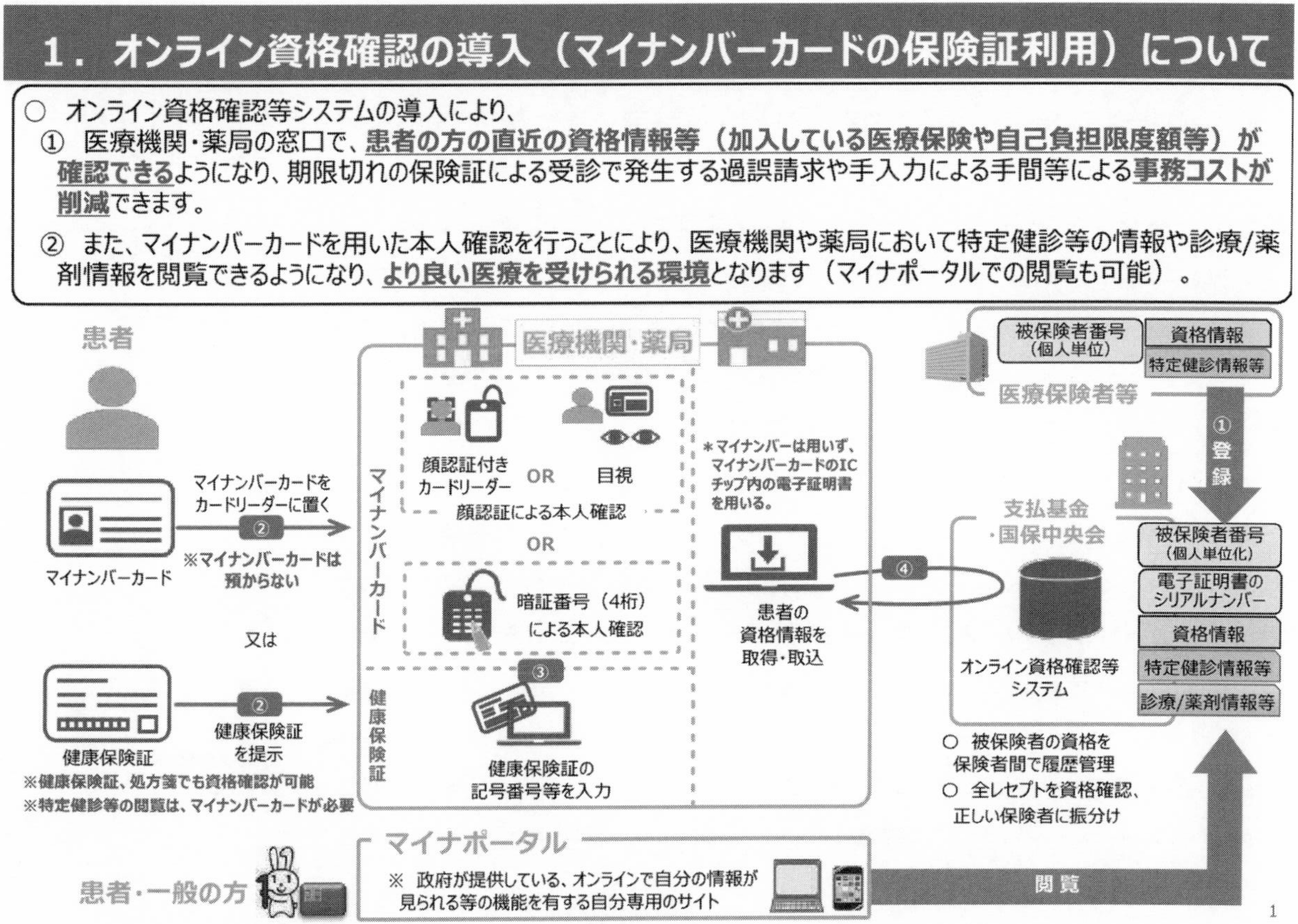
1．オンライン資格確認の導入（マイナンバーカードの保険証利用）について
○ オンライン資格確認等システムの導入により、
① 医療機関・薬局の窓口で、患者の方の直近の資格情報等（加入している医療保険や自己負担限度額等）が確認できるようになり、期限切れの保険証による受診で発生する過誤請求や手入力による手間等による事務コストが削減できます。
② また、マイナンバーカードを用いた本人確認を行うことにより、医療機関や薬局において特定健診等の情報や診療/薬剤情報を閲覧できるようになり、より良い医療を受けられる環境となります（マイナポータルでの閲覧も可能）。
患者
マイナンバーカード
マイナンバーカードをカードリーダーに置く
②
※マイナンバーカードは預からない
又は
健康保険証
②
健康保険証を提示
※健康保険証、処方箋でも資格確認が可能
※特定健診等の閲覧は、マイナンバーカードが必要
医療機関・薬局
マイナンバーカード
顔認証付きカードリーダー
OR
目視
顔認証による本人確認
OR
暗証番号（4桁）による本人確認
健康保険証
③
健康保険証の記号番号等を入力
＊マイナンバーは用いず、マイナンバーカードのICチップ内の電子証明書を用いる。
患者の資格情報を取得・取込
④
被保険者番号（個人単位）
資格情報
特定健診情報等
医療保険者等
①登録
支払基金・国保中央会
オンライン資格確認等システム
被保険者番号（個人単位化）
電子証明書のシリアルナンバー
資格情報
特定健診情報等
診療/薬剤情報等
○ 被保険者の資格を保険者間で履歴管理
○ 全レセプトを資格確認、正しい保険者に振分け
患者・一般の方
マイナポータル
※ 政府が提供している、オンラインで自分の情報が見られる等の機能を有する自分専用のサイト
閲覧
1

出典:厚生労働省「オンライン資格確認の導入について（医療機関・薬局、システムベンダ向け）」

図2　オンライン資格確認の導入（マイナンバーカードの保険証利用）について（部分拡大）

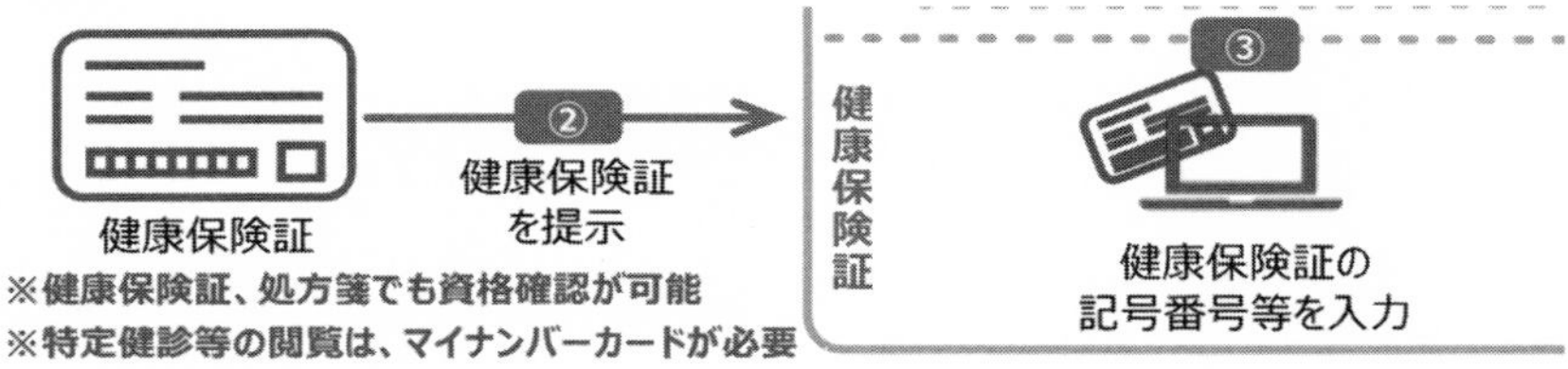

す。

オンライン資格確認等システムは、医療機関等のカードリーダーから送られてきたシリアルナンバーと紐付けられている資格情報や医療情報をデータベースの中から探し出し、医療機関等のコンピュータに、これを返します（④）。医療機関等に届いた情報は、職員の前に置かれたパソコンの画面などに表示されます。これで、資格確認は無事完了です。

　マイナンバーカードを健康保険証として使うにはマイナポータルなどを使って登録する必要がありますが、これはオンライン資格確認等システムに記録されている被保険者番号とマイナンバーカードに記録されている電子証明書のシリアルナンバーを紐付ける作業です。この作業をしても、またマイナンバーカードを健康保険証として使っても、マイナンバーカードに資格情報や医療情報は記録されません。マイナンバーカードは資格情報や医療情報が入った『金庫』を開ける『鍵』の役割を果たしているだけです。

　ところで、オンライン資格確認等システムは、マイナンバーカードを使わなくても、患者が持参した健康保険証（②）に記載されている被保険者番号を窓口の職員が、同システムにつながったパソコンに入力（③）することでもオンライン資格確認（④）ができるようになっています（**図2**）。ただし、厚生労働省令が医療機関等に義務付けているのは、マイナンバーカードでの資格確認をしたいとする患者には、それに応じなければならないであって、健康保険証を持参した患者にまで、被保険者番号を使ったオンライン資格確認をしなければならないわけではありません。また、マイナンバーカードの健康保険証登録を済ましている人も、健康保険証が廃止されない限りこれまで通り健康保険証での保険診療を受けることができます。

なお、オンライン資格確認等システムは、医療機関等が予約患者などの被保険者番号等を記載したファイルをオンラインで送ることで、保険資格が有効かどうかなどを一括して照会することができる機能も持っています。

■オンライン資格確認の利用状況

では、実際のところ、オンライン資格確認はどの程度利用されているのでしょうか。厚生労働省のウェブサイトによれば、2023年7月の1カ月間で見ると1億5501万件ですが、その内訳はマイナンバーカードによるが7781万件、健康保険証によるが1億4721万件となっています。また、これとは別に、一括照会によるものが1878万件あります。[13] 被保険者番号を使ったオンライン資格確認や、一括照会の方が、マイナンバーカードよりも利用件数が多いことがわかります。これを医療機関別に見てみるとマイナンバーカードによるもののうち半数は医科診療所が、健康保険証によるものは薬局が5割を、医科診療所が4割を占めています。一括照会については7割が病院によるものです。面白いのは、健康保険証によるものが、オンライン資格確認開始後、ほぼ一貫して増え続けているのに対し、マイナンバーカードによるは、オンライン資格確認が医療機関等に義務化された直後の2023年4月に829万件に急増したものの、6月、7月はむしろ減少していることです。なお、ここでいう「健康保険証による件数」は被保険者番号を使って、オンライン資格確認等システムで資格確認をした件数であって、同システムを使わずに、健康保険証の券面表示のみで資格ありと判断した件数ではありません。

一方、オンライン資格確認等システムを利用した医療機関等の医療情報の閲覧件数は、2023年7月の1カ月間で見ると、特定健診等が177万件、薬剤が473万件、診療情報が244万件となっています。閲覧が最も多いのは医科診療所で全体の6割を占めています。閲覧件数は4月に急増したものの、伸びは停滞状態であり、例えば診療情報は、5月の269万件をピークに5月、6月とむしろ減少しています。

厚生労働省は、マイナンバーカードの保険証利用の普及を図るためマイナンバーカードではなく、健康保険証を医療機関等の窓口で使うと窓口負担が割高となる特例措置を2023年4月から12月の間、実施しています。窓口負担が3割負担の場合、健康保険証を使うと初診の場合12円、再診の場合6円、調剤の場合9円がマイナンバーカードを使った場合よりも余分に請求されます。特例措置は2024年1月に解除され、以降はマイナンバーカードを使わない場合、初診6円、調剤6円の加算となります。

■マイナンバーカードと健康保険証の併存

オンライン資格確認はマイナンバーカードでなく、健康保険証でも可能です。しかし、医療機関等への医療情報の提供の同意はマイナンバーカードを使った場合——カードリーダーで同意をクリックする——に限定されています。なぜ健康保険証ではできないのでしょう。

２０２２年3月16日に福島県沖で地震が発生しました。この時、宮城県、福島県に所在地がある医療機関等に対し、オンライン資格確認等システムの災害時医療情報閲覧機能が翌日から同月23日まで開放されました。これはオンライン資格確認をマイナンバーカードどころか、健康保険証すらなくても、患者から口頭での同意を得られれば、医療機関等は患者が申告した氏名や生年月日、性別、住所などをもとにオンライン資格確認等システムから患者の被保険者番号を取得することで、特定健診情報・薬剤情報、診療情報を閲覧できるようにする措置です。

オンライン資格確認等システムは、被保険者番号と紐づいた形でこれらの医療情報を記録していますから、被保険者番号さえわかれば、医療機関等に情報の提供ができるのです。ですから、マイナンバーカードでなくても、被保険者番号と本人の同意で医療情報を提供できるようにすることは、システム上は可能なのです。

どちらにしても、図1からわかるのは厚生労働省がオンライン資格確認等システムを設計した段階では、将来的に健康保険証の廃止を図ることになっていたとしても、[14]かなり長い期間、マイナンバーカードと健康保険証が併存することが前提になっていたであろうことです。オンライン資格確認の開始後3年あまりで健康保険証を廃止する計画なら、厚生労働省が健康保険証でもオンライン資格確認ができるようにシステムをわざわざ構築することは常識的に考えてあり得ないでしょう。

マイナンバーカードによる保険資格確認と健康保険証の併存期間が長ければ、それはトラブルを修正しうる期間となるのですから、今回の様な大問題となることもなかったかも知れません。岸田首相と河野デジタル大臣が拙速な健康保険証の廃止を打ち出したことは、システムを軌道に乗せるという面から見ても大失態であったことは間違いないでしょう。

■別人の情報が表示されるのはなぜ?

オンライン資格確認をめぐって起きている様々なトラブルの原因はどこにあるのかを考えてみましょう。まず、別人の資格情報や医療情報がカードリーダーや医療機関等のパソコンやマイナポータルに表示されてしまうトラブルの原因です。結論から言うと、それはマイナンバーと被保険者番号の紐づけが間違っているからです。マイナンバーと被保険者番号の紐づけを行うのは、健保組合や協会けんぽ、市町村国保などの保険者です。市町村国保の場合は住民票をもとに紐づけを行いますが、他の保険者は本人(扶養家族も含む)からのマイナンバーの届出をもとに、こうした紐づけを行うのが基本です。しかし、届出がない場合は保険者が住民基本台帳ネットワーク(住基ネット)を使って、氏名や生年月日などから該当者を探し出し、マイナンバーの紐づけを行います。その際に、別人のマイナンバーを間違って紐付けてしまうと、マイナンバーカードを健康保険証として利用した際に、別人の資格情報や医療情報が表示されてしまいます。

なぜ間違うのでしょうか。厚生労働省はその原因を、住基ネットで検索した際に、氏名・生年月日・性別・住所の4情報が一致した場合のみ、本人だとしてマイナンバーを紐付けることになっていたのを、保険者が3情報の一致のみで本人だと判断し、同姓同名の人などを誤って紐づけしてしまったためなどとしています。そして、その改善策としてオンライン資格確認利用推進本部は、5情報（漢字氏名・カナ氏名・生年月日・性別・住所）が一致した場合にのみマイナンバーを紐付けるように保険者に徹底するとともに、健康保険法施行規則などを改正し、被保険者が保険者に加入の届けを行う際にマイナンバーの記載を義務付けたとしています。

しかし、被保険者が健保組合等に届け出ている漢字やカナの氏名や住所などが、住基ネットの情報、すなわち住民票に記載された氏名や住所などと必ずしも一致しているとは限りません。例えば、住民票では「〇〇町1丁目2番3号」であるのに、届出は「〇〇町1－2－3」や「〇〇1丁目2－3」などとしている人や、マンションや集合住宅の名称や部屋番号が入っていたり、入っていなかったりする場合もあるでしょう。また、住民票では齋藤ですが、勤務先や健保組合などには斎藤として届出をしている人もいるでしょうし、高田を「タカタ」と勤務先や健保組合などに届け出る一方、住基ネットでは「タカダ」とカナが振られている場合もあるでしょう。そもそも、カナ氏名は、住民基本台帳法に基づく住民票の記載事項ではなく、市役所等が氏名検索などの都合から任意に住民票と合わせて記録しているに過ぎません。本人が通常使っている読みと一致しないことはそれほど珍しいことではないでしょう。また、転居したにもかかわらず勤務先や健保組合などに届出をせず、住所が古いままとなっている人や、婚姻や離婚などにより姓が変わっていても届出をしていない人、さらには生年を偽って届け出ている人もいるでしょう。

5情報を全て一致させろと厚生労働省は言いますが、こうした情報の齟齬が有る限り、完全一致を求めれば、マイナンバーとの紐づけが困難になり、完全一致にこだわらないなら今度は誤登録が生じてしまうという解決できない矛盾を抱えてしまっているのです。では、どうしても見つけ出せない場合、保険者はどうすれば良いのでしょう。厚生労働省は被保険者に保険者へのマイナンバーの届出を義務付けたとしていますが、被保険者がマイナンバーを届け出ない場合、保険者は健康保険への加入を拒否することになるのでしょうか。国民皆保険制度の下でそのような運用は許されることはないと思われますが、政府はどうするつもりなのでしょう。

なお、デジタル庁は「マイナポータルや医療機関・薬局で、ご自身とは別の方の情報が表示された場合」は、マイナンバー総合フリーダイヤルか、加入している保険者に相談するようにとし、「ご本人でない情報が登録されている疑いが高い場合には、直ちにオンライン資格確認等システムの閲覧を停止します。その後、保険者において事実関係を確認し、誤ったデータが登録されていた場合には、登録データの修正作業を速やかに行います」としています。[15] もちろん修正作業が終わるまでの間は、マイナンバーカードを健康保険証として使うことはできません。

■紐づけ間違いの確認にはマイナンバーカードが必要

大事な点なので繰り返しますが、先に述べたように別人の資格情報や医療情報がカードリーダーなどに表示されてしまうのは、マイナンバーと被保険者番号の紐づけが間違っているからです。マイナンバーカードを健康保険証として利用登録したから間違って紐づけされたのではありません。マイナンバーと被保険者番号の紐づけを行うのは、健保組合や協会けんぽ、市町村国保などの保険者です。ここで間違えたことによって、間違った紐づけがオンライン資格確認等システムに記録されてしまい、別人の資格情報などが表示されたのです。

ということは、マイナンバーカードを持っていない人の中にも、保険者によるマイナンバーと被保険者番号の紐づけ間違いをされている人がいることになります。しかし、間違いがあるかどうかを確認するには、マイナンバーカードを取得した上で、医療機関等に行き、カードリーダーで別人の名前が表示されないか確認するか、パソコンかスマホでマイナポータルにアクセスし、確認するしか方法がありません。

２０２３年7月26日に開かれた参議院の「地方創生及びデジタル社会の形成等に関する特別委員会」にて、立憲民主党の杉尾秀哉議員がマイナンバーカードの自主返納について「一件一件が政府に突き付けられた不信の声じゃないですか。どうしてこういう不信の声に正面から向き合わないんですか」と河野デジタル大臣に質問をしました。すると河野大臣は「このマイナンバーカードを保有するかどうかとマイナンバーのひも付け誤りというのは関係がございませんので、マイナンバーカードを返納することでひも付け誤りのリスクが軽減されるものではないということを御理解いただくような広報というのはやっていかなければならないと思っております。むしろ、このひも付け誤りがないことを確認するためにマイナンバーカードからマイナポータルに入っていただいて、御自身の情報に誤りがないということを確認できるわけでございますから、ひも付け誤りについて御不安を抱いている方には積極的にマイナポータルから御自身の情報の確認をお願いしていきたいというふうに思っております」と、開き直ったかのような、無責任の極みの答弁をしています。

しかし、マイナンバーカードが無ければ、紐づけ誤りが無いかを確認することができないというのは事実です。マイナンバーカードの取得が義務付けられていないにもかかわらず、持っていなければ誤っていないかどうかの確認できないという、この一点だけでもマイナンバー制度が根本的な設計ミスを抱えているのは一目瞭然です。

■タイムラグをゼロにすることは不可能

では、医療機関等のカードリーダーやパソコンに「資格情報なし」と表示されたり、古い資格情報が表示されたりするのはなぜでしょう。それは、資格情報の更新作業に時間がかかるからです。

例えば、A氏が会社Bを退職することで、C健保組合から脱退し、新たにD市の市町村国保に加入する場合を考えてみましょう（**図3**）。まず、A氏は会社Bに対し退職の手続きをします。会社Bの健康保険の担当者がC健保組合にA氏が脱退したことを伝えることで、C健保組合の中での手続きが行われます。次にC健保組合の担当者は、支払基金のシステムにデータ入力（脱退）をし、これがオンライン資格確認等システムに反映されます。

一方、A氏は、居住地のD市役所に出向き、市町村国保への加入申請を行います。申請を受けたD市役所の職員は、必要な手続きを行い、国保中央会のシステムにデータ入力（加入）をし、これがオンライン資格確認等システムに反映されます。

これでようやく、支払基金・国保中央会のオンライン資格確認等システムにA氏の加入している保険はD市の市町村国保であるとの情報が記録されることになります。

もし、A氏が退職した直後にマイナンバーカードを健康保険証として医療機関等で使うとどうな

図3

A氏が会社Bを退職することで、C健保組合から脱退し、
新たにD市の市町村国保に加入する場合

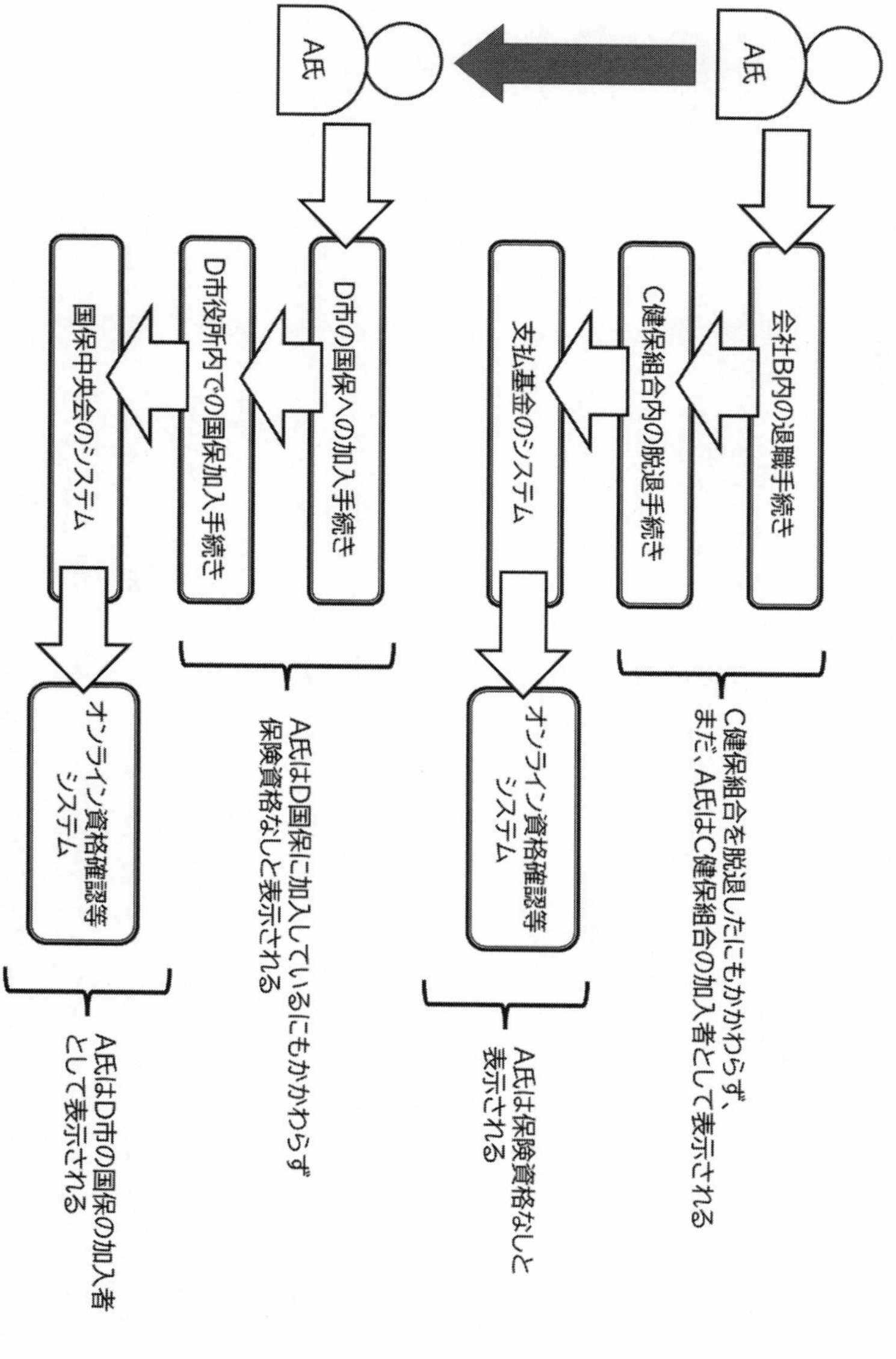

（黒田充作成）

るでしょうか。支払基金のシステムへのデータ入力（脱退）が終わっていなければ、A氏はC健保組合に加入しているとする古いままの情報がカードリーダーに表示されてしまいます。このデータ入力が済み、A氏がD市役所に市町村国保への加入届を済ませていたとしても、D市役所の職員による国保中央会のシステムへのデータ入力（加入）が終わっていなければ、カードリーダーには「健康保険の資格がない」との情報が表示されてしまいます。

本人が退職直後に市役所等に出向き手続きをしたとしても、脱退・加入の異動に関わる一連の作業が、一瞬で終わることはあり得ません。異動情報がオンライン資格確認等システムに反映されるまで、実際には数週間かかってしまうこともあるようです。この時間的な遅れ、いわゆるタイムラグについて、デジタル庁の「マイナンバーカードと健康保険証の一体化に関する検討会」が2023年2月17日に示した「中間取りまとめ」は、現行では保険者によるデータ登録の期間の定めがないので、これを5日以内と定めることで、事業主から保険者への届出が5日以内と既に定められていることと合わせて、計10日以内にデータ登録を完了させることを徹底するとしています。タイムラグをゼロにするとは、政府も流石に言えないのです。現行の健康保険制度の仕組みを、例えば健康保険制度を一本化するなど、根本的に変えることでもしない限り、タイムラグをゼロにすることは到底不可能でしょう。

なお、蛇足ながら、健康保険証がなくなり、マイナンバーカードだけになれば、健康保険への加入・脱退の届出が必要なくなると勘違いされている人もいるようですが、オンライン資格確認等システムに記録されている資格情報は届出に基づいて更新されますので、届出が必要なくなることはありません。

■77万人がマイナンバーとの紐づけ未了

医療機関等のカードリーダーやパソコンに「資格情報なし」と表示されるトラブルの原因が、タイムラグではない全く別の理由によるものも発覚しています。それは、協会けんぽの加入者のおよそ1%にあたる約36万人について、被保険者番号とマイナンバーとの紐づけが行われていなかったことによるものです。この紐づけが行われていなければ、オンライン資格確認等システムに資格情報を記録することはできませんから、本人がマイナンバーカードの健康保険証としての利用登録を行っても、医療機関等のカードリーダーなどには「資格情報なし」と表示されてしまいます。

紐づけが行われていない理由は、協会けんぽに加入する事業者から被保険者（従業員等）のマイナンバーの提出がなかったため、事業者が申告した被保険者の住所、氏名、生年月日、性別の4情報をもとに、該当者を住基ネットで検索したが、見つけることができなかったからです。見つけられなかったのは、住民票記載の4情報と協会けんぽに届出されている4情報が一致しないためです。

厚生労働省が、協会けんぽ以外の健保組合などの保険者においても同様の事例があるのではないかと調査を行ったところ、2023年8月末時点で協会けんぽ分も含め77万人分の紐づけがなされていないことが判明しました。[16] 実に健康保険加入者の170人に1人が未登録だったのです。同省は、紐づけがなされていないことへの対策として、未登録者にマイナンバーの提出を促すとともに、マイナンバーの誤登録の防止策と同様に5情報（漢字氏名・カナ氏名・生年月日・性別・住所）

による照会を行うとしています。しかし、「5情報の一致」を徹底すれば徹底するほど、先に述べたように被保険者番号とマイナンバーとの紐づけは困難になってしまいます。

マイナンバー制度は、行政機関等が保有する住民票のある全ての国民等の個人情報にマイナンバーが正しく、かつ、漏れなく紐付けられていることが前提となっています。この前提が実は幻想に過ぎなかったことが、この一件から明らかになったのです。所得や年金など他の個人情報についてはどうでしょう。マイナンバーと紐付けられているはずなのに、紐付けられていないものは、被保険者番号だけだとは当然言い切れないでしょう。今や、マイナンバー制度の存在そのものが揺らいでいると言っても過言ではありません。

■顔認証――他人受入率と本人拒否率

医療機関等のカードリーダーで、本人なのに別人だとして拒否されたり、逆に別人でも顔認証できてしまったりという問題が生じていますが、顔認証に確実性を求めることは元々困難なのです。他人なのに本人だとして受け入れてしまう率を「他人受入率」、一方、本人なのに他人だと拒否してしまう率を「本人拒否率」と言います。できる限り他人を受け入れないようにしたいとして、他人受入率を下げてしまうと、今度は本人なのに違うと拒否されてしまう本人拒否率が上がってしまいます。このバランスをどう取るかが顔認証の場合、たいへん難しいのです。

特定の人しか利用しない、例えばコンピュータールームへの社員の出入りのチェックに使う場合などは、比較的、このバランスの設定が容易かも知れません。しかし、オンライン資格確認のように対象者が不特定多数の上、比較する顔写真（マイナンバーカード交付申請書に添付した写真）の精度のばらつきが激しい場合は、設定は難しいでしょう。本人なのに別人だと判定されることが多いからと、設定を変えると、今度は別人を受け入れてしまうことになり医療機関の窓口はさらに混乱してしまいます。もっとも、別人が本人だと偽ってマイナンバーカードを持参するケースはほとんどないとするなら、思い切って「本人拒否率」を下げてしまうという手もあります。少々、顔かたちが違っていても本人だと受け入れてしまえば、別人だとして10割請求されるトラブルはなくなるでしょう。顔認証さえすれば本人確認の確実性が保たれるなどと誤解して、マイナンバーカードの健康保険証利用に顔認証を安易に使うべきではなかったのです。

こうした技術的な問題以外にも、本人なのに別人だとして拒否される大きな原因があります。それは、マイナンバーカード交付申請書に添付した写真の精度の問題です。政府は、スマホから手軽に交付申請できると盛んに宣伝していました。一方、スマホに顔写真の加工アプリ――小顔にできたり、目をぱっちり大きくさせたり、顎のラインを変えたり、鼻の高さを変えたり、美肌にしたり、それらを自動的に行ったり――を入れ、使っている人はそう珍しくはないでしょう。申請を促していた総務省は、案内チラシなどで顔写真について「正面、無帽、無背景」などと注文を付けていましたが、修正した写真は駄目だと書いていませんでした。写りが悪いとして写真を修正した上で申請した人も多かったのではないでしょうか。[17]

政府が、マイナポイントを〝鼻先の人参〟に、有名タレントを起用し、多額の予算を費やして朝から晩までテレビＣＭで申請を煽る際に、「マイナンバーカードは健康保険証になります。健康保険証は2024年秋には廃止されます。顔写真を加工すると健康保険証として使えなくなります。別人だと判定されると窓口で10割負担することになります」との注意を付け加えるべきだったのではないでしょうか。

マイナンバーカードを健康保険証として使う人は、まだごく少数です。もし政府の思惑通りに今後増えていくなら、この顔認証問題は今とは比べものにならないほど深刻な問題になる可能性があります。医療機関等の窓口は「本人だ」、「いや別人だ」で大混乱するのは間違いないでしょう。特に顔写真の加工が原因で、本人ではない、別人だと判定されてしまう場合は、マイナンバーカードの交付申請をやり直さない限り、解決することはありません。

なお、オンライン資格確認等システムは、カードリーダーによる顔認証ではなく、職員の目視による顔認証もできるように作られています（**図1**）。別人だとするエラーが出た場合、目視にすればよいのです。ただし、目視にするには職員が一々カードリーダーにつながったパソコンを操作し設定を変更する必要があります。もちろん目視が終われば、次の患者のために顔認証へと戻す操作が必要です。混み合うことの多い医療機関等の窓口でそれを行うのは、非現実的です。

■マイナンバーカードを落とすとどうなる？

健康保険証を財布や鞄などに入れて毎日持ち歩いている人は珍しくはありません。医療機関等に出向くことが多い高齢者は特にそうでしょう。マイナバーカードが健康保険証になれば、今度はマイナンバーカードを毎日持ち歩くことになります。持ち歩けば、当然のように落としたり、なくしたり、さらには盗難にあったりする可能性が大きくなります。

デジタル庁のウェブサイトの「よくある質問」の「マイナンバーカードの健康保険証利用について（2023年6月30日更新）」には、「マイナンバーカードと健康保険証一体化後、マイナンバーカードを落としたり無くしたりした場合、再発行までは保険証が使えないのですか」との質問が載っています。[18] この質問への答えは、マイナンバーカードの再発行の際に受け取るまでに、現在は「1か ら2か月かかっている期間」を大幅に短縮し、「市町村の窓口で申請をすれば、長くても10日間程度でカードを取得することができるように検討を進めてまいります」となっています。この約束が実現すれば確かに「大幅」に短くはなります。しかし、市町村国保の健康保険証の場合、市役所等の窓口で再交付の申請をすると、その場ですぐに交付されるところもあります。こうしたところと比べれば、「10日間程度」は全くお話にもなりません。マイナンバーカードの健康保険証との一体化は、サービスレベルのとんでもない低下を、命と健康を守る制度にもたらすことになります。

では、マイナンバーカードが届くまでの期間の保険診療についてはどうするのでしょうか。病気やケガは突然やって来ます。そんなことは常識中の常識です。ところがデジタル庁は「マイナンバーカードがない状態で保険診療等を受ける必要がある場合の手順については、今後、関係府省と連携しながら、丁寧に対応してまいります」なのです。オンライン資格確認が本格的に始まったのは2021年10月ですから、既に2年がたっています。にもかかわらず、まだどうするのか決めていないとは、呆れるほどの無責任さです。

落とした場合に起きる問題は、保険診療が受けられなくなる可能性があるだけではありません。

マイナンバーカードには、氏名や住所、写真などが記載されているのですから、それらの情報をもとにしたストカー行為や詐欺などの犯罪に巻き込まれる可能性も充分あります。また、第7章であらためて述べますが、マイナポータルを不正に使われる可能性もあります。

12 厚生労働省「オンライン資格確認の導入について（医療機関・薬局、システムベンダ向け）」　https://www.mhlw.go.jp/stf/newpage_08280.html

13 厚生労働省「オンライン資格確認の導入について（医療機関・薬局、システムベンダ向け）」

14 河野発言の3年以上前に出された「厚生労働省・オンライン資格確認等システムに関する運用等の整理案（概要）　令和元年6月版」には「将来的に保険証の発行を不要としてマイナンバーカードのみの運用への移行を目指していく」とあります。

15 デジタル庁「マイナンバーカード関連サービスの誤登録等の事案に関するご質問・ご不安にお答えします」　https://www.digital.go.jp/policies/mynumber/related-services-issue/#insurance-card

16 厚生労働省・第１６６回社会保障審議会医療保険部会（２０２３年8月24日）での配付資料「マイナンバーカードと健康保険証の一体化について」

17 Googleで「アプリ　写真加工　マイナンバーカード」を検索すると、どこまでなら加工は許されるかなどと〝非専門家〟が根拠も示さずに書いたページがたくさんヒットします。しかし、健康保険証として使うときに、加工し過ぎると困るかも知れませんと書かれているものは、中々見つかりません。

18 デジタル庁「よくある質問：マイナンバーカードの健康保険証利用について」　https://www.digital.go.jp/policies/mynumber/faq-insurance-card/

第2章　健康保険証利用の仕組みとトラブルの原因

第3章　政府が主張するメリットは本当なのか

■オンライン資格確認は過誤請求防止のためというが

政府はマイナンバーカードを健康保険証にすることによって様々なメリットが得られるとしていますが本当なのでしょうか。まず、過誤請求の防止について見てみます。

私たちが医療機関等で受診をすると、医療機関等はかかった費用のうちの健康保険の負担分を審査支払機関にレセプトで請求し、審査支払機関は請求が適正か審査をした上で健保組合等の保険者にこれを請求します。保険者は、この請求を受けて医療機関等に健康保険の負担分を支払います。

しかし、資格過誤による誤った請求が起きることがあります。会社を退職すると健保組合の組合員としての資格を失い健康保険証は使えなくなります。ところが、資格が失われた健康保険証が医療機関等でそのまま使われることがあります。こうした場合、医療機関等が審査支払機関に請求をしても健康保険の負担分がもらえません。これが過誤請求です。

マイナンバーカードを使ったオンライン資格確認を実現すれば、資格は常に正しいものとなるので、こうした過誤請求を防ぐことができると政府は言ってきました。しかし、これまで述べてきたように、健康保険の加入・脱退の情報がオンライン資格確認等システムに反映されるまでにタイムラグがあるため、医療機関等にオンラインで届く保険資格が古いままであったり、無資格と間違って表示されたりすることが多々生じています。

そもそも過誤請求が起きても、請求先を改めた上で再請求すれば医療機関等に損失が生じることはありません。東京保険医協会は「失効保険証による過誤請求は一般の診療所では年間せいぜい数件程度であり、また後で再請求可能で直接損失となるわけでもなく、これだけのシステムに見合うものとは考えられません」としています。[19]

２０１５年に厚生労働省が「医療保険制度における社会保障・税番号制度の活用に関する調査研究事業」として行った調査では、審査支払機関における受付件数のうち、氏名の記載誤りも含め、資格過誤を原因として、医療機関等に返戻される件数の割合は、わずか0・27％に過ぎません。ほとんどが問題なく処理されているのです。また、返戻されるもののうち半分近くは資格が失われていることが原因ですが、3分の1は医療機関等での「記号・番号の誤り」「本人・家族の誤り」「患者名・性別・生年月日の誤り」などの転記ミス等を原因とするものです。[20]こうした数字を見る限り、オンライン資格確認は過誤請求防止という点においては多額の費用を使ってまで行う必要がある事業だとは到底思えません。

オンライン資格確認による過誤請求の防止が有効だとしてもマイナンバーカードを使わないとできないわけではありません。退職などにより失効している健康保険証が窓口に出された場合、職員がオンライン資格確認等システムに被保険者番号を入力すると、職員のパソコンの画面に「この資格は無効です」との表示が出ます。もし、すでに別の健保組合等の保険者に加入している場合は「新しい資格が存在するので確認してください」との表示が出ます。

こうした機能をもう一段拡張して、「新しい資格」の情報を画面表示するようにすれば、間違って失効している健康保険証を出してしまった患者も、新しく加入した保険者の健康保険を使うことができるようになります。

もちろん、健康保険証でオンライン資格確認を行うことを是とするにしても、加入・脱退手続きで生じるタイムラグが可能な限りゼロになっていることや、紐づけの間違いがないことが前提です。しかし、それができないのなら、オンライン資格確認は過誤請求の防止に対してさほど役立たないことになりますから、それが目的だというなら、システムは直ちに停止すべきでしょう。

■根拠が見当たらない「成りすましの防止」

河野太郎デジタル大臣は、顔写真の付いたマイナンバーカードを健康保険証にするのは、他人の健康保険証を使う「成り済まし」などの不正を防止するためだとする話を最近盛んにしているようです。２０２３年5月12日に開かれた参議院の地方創生及びデジタル社会の形成等に関する特別委員会でも、「紙の保険証ですと、これは成り済ましが容易にできます」と答弁しています。

しかし、成り済ましの実態を政府は示すことはできていません。この答弁から1週間後の19日に開かれた同特別委員会において、厚生労働省の日原知己審議官は、議員からの不正利用の実態を示せとの質問に対し、「全ての保険者について把握がちょっとしているわけではございませんけれども、市町村国民健康保険におきましては、平成29年から令和4年までの過去5年間で50件の不正利用確認がされてございまして、事例としましては、御家族や職場の同僚の健康保険証を使って医療機関等を受診された、あるいは健康保険証を偽造して医療機関を受診されたケースなどがあったと承知してございます」と、不正利用は極めて稀であることとともに、厚生労働省として健康保険全体での実態の把握もしてこなかったことを明らかにしています。

厚生労働省がオンライン資格確認の導入に際して医療機関等に向けて示してきたメリットは、過誤請求や入力ミスの防止、特定健診や薬剤情報、診療情報の閲覧が可能になるなどであって、不正利用の防止は含まれていませんでした。実態の把握すらしていない――把握する必要性がそもそもない――のですから、厚生労働省が不正利用の防止をマイナンバーカードの健康保険証化の目的としてあげてこなかったのは当然でしょう。

過誤請求の防止というオンライン資格確認導入の最大の名目が怪しくなっているからこそ、河野デジタル大臣は実態の極めて怪しい「成り済ましの防止」を導入目的として、出さざるを得なくなっているのではないでしょうか。なお、ツイッター（現、X）などのSNSに流れる健康保険証の成り済ましの話は、外国人が盛んに行っているとの根拠の全くない、外国人差別の文脈で語られていることが多いことにも注意を払う必要があります。

また、当たり前ですが、他人の健康保険証を使って保険医療を受けることと、他人の健康保険証や偽造した健康保険証を使って借金をしたり、携帯電話を購入したりすることとは、全く別の話なので混同しないことが大事です。もし後者のような事件を防ぐために健康保険証を廃止するとするなら、それは明らかに本末転倒です。[21]

■診療情報等の提供や閲覧の意味

患者の本人同意があれば、医療機関は特定健診や診療・薬剤等、診療情報の閲覧ができることについてはどうでしょうか。たしかに、そうした情報の提供が医療を行う上で有用だとしても、マイナンバーカードがなくても可能であることは、既に述べたように災害時への対応で政府自らが明らかにしています。

医療情報の医療機関等への提供だけでなく、マイナポータルで自分に関する医療情報が確認できることは、より良い医療を受けることにつながる可能性や、自己情報をいつでも確認できるという点でのメリットは確かにあるでしょう。しかし、医療情報は他人に知られたくない、知られることで不当な扱いや差別を受けるかもしれない、人権侵害につながる恐れが極めて強く、特に慎重な取り扱いを要する「要配慮個人情報」[22]、いわゆるセンシティブ情報です。便利だといった表面的な受け止めで済ますことなく、医療制度や健康保険制度の面からだけでなく、個人情報保護の在り方も含め、こうした形での医療情報の提供が良いのかどうか慎重に検討し、議論をする必要があるのではないでしょうか。

また、マイナポータルでの医療情報の閲覧には、自分でしっかり確かめて、これからどうするのか自分で判断しろという自己責任の側面だけでなく、国民等を政府の意向に沿って誘導する仕組みとしての側面もあるでしょう。山本龍彦・慶應義塾大学大学院教授は、2017年の著作の中でマイナポータルでの情報提供について「政府は、財政上の観点から、医療費の抑制に強いインセンティブをもつから、医療や健康に関する個人の決定をかかる方向へと誘導すべく、政府が積極的に選択環境を『調律』することがありうる」、それは「政府が個人の行動記録を網羅的に把握して、その者の健康上のリスクを細かく予測し、そのリスクを減らすような方向に仕向ける（管理する）ということ」だとしています。[23]

■高額療養費請求の簡素化

医療機関等の窓口で支払う医療費が1カ月で上限額（加入者の年齢や所得によって決まる）を超えた場合、その超えた額を健保組合等の保険者が支給する高額療養費制度というものがあります。上限額を超えた額の支給を受けるには一般に申請が必要ですが、事前に健保組合等の保険者から限度額適用認定書を取得し、医療機関等に提出しておくと、窓口での支払いが限度額までに抑えられ、少なくて済むように制度は作られています。

マイナンバーカードによるオンライン資格確認の場合は、カードリーダーの画面に表示される「限度額情報の提供」を指でクリックするだけで、この認定書の提出が必要なくなります。確かに便利なのですが、オンライン資格確認等システムはマイナンバーカードだけでなく、健康保険証でも高額療養費制度に対応できるように作られています。健康保険証で受診した場合は、医療機関等の職員に『口頭』で同意を与えれば認定書を出す必要はありません。「限度額情報の提供」に、マイナンバーカードの場合は電子証明書を使った本人確認による厳格な同意を求める一方、健康保険証であれば、書類どころか同意書へのサインも要らず、口頭で済ますことができるのです。オンライン資格確認等システムを作った人たちはどういうバランス感覚の持ち主なのでしょうか。

なお、健保組合などの中には、上限を超えた額を、申請を待たずに自動的に口座振込等を行っているところもあります。また市町村国保の場合も市町村に一度、支給を受け取る口座を登録してしまえば、その後に高額療養がいつ発生してもいちいち申請する必要なしに自動的に振り込まれる制度を採用している市町村もあります。[24] 高額療養費制度の簡素化を図るにしても、オンライン資格確認等システムといった大袈裟なシステムで行う必要はないようです。

■およそメリットとは言えないものばかり

政府は、カードリーダーの顔認証によって受付が自動化されることもメリットとしています。しかし、受診の度に行う必要がある顔認証のいったいどこがメリットなのでしょう。本人であるにもかかわらず顔認証で他人と判断される事例が、既に述べたように、保団連のアンケートでいくつも報告されています。患者にとっても医療機関等にとっても手間が増えるだけです。

また、マイナンバーカードで資格確認が済んだとしても、診察券はどうするのでしょうか。健康保険証なら受付に診察券とあわせて出すだけで済みました。二度手間になるだけではないかという疑問が残ります。これに対し、政府は診察券もマイナンバーカードにする計画を進めています。2023重点計画には、「自治体による子どもの医療費助成制度や診察券のマイナンバーカード化など、マイナンバーカード一枚で受診できる環境整備を進める」、「オンライン資格確認等システムが導入されている医療機関等においては、マイナンバーカードを診察券として代用することが仕組みとして可能である。実際に活用する医療機関も出てきており、引き続きオンライン資格確認等システムの普及を促進しつつ、こうした好事例を周知・普及していく」と書かれています。[25]

しかし、導入コストのことなどを考えれば、大規模な医療機関は別にして、中小の病院や診療所がマイナンバーカードを診察券として使えるシステムを導入できるとは到底思えません。マイナンバーカードが診察券として使える医療機関と使えない医療機関が混在することによって、混乱することになるのは目に見えています。また、診察券には診療時間や休診日、電話番号などが書かれていたり、医療機関によっては次回の予約日が裏面などに記入できたりしますが、マイナンバーカードではこうしたことはできません。

政府は、加入している健康保険が変わってもマイナンバーカードがそのまま健康保険証として使えることをメリットとしていますが、これは事実なのでしょうか。確かに加入している健康保険が変わっても、マイナンバーカードを使って再び利用登録をする必要はありません。

しかし、マイナンバーカードを利用した際に、古い保険資格情報が表示されたり、無資格だと表示されたりするトラブルが現実に起きています。これは加入・脱退手続きにおけるタイムラグに起因する問題であり、既に述べたようにそれをゼロにすることはほぼ不可能です。加入している健康保険が変わってもそのまま使えるメリットが最大に発揮されるはずの「加入している健康保険が正に変わったその時」には、タイムラグのために医療機関等で健康保険が使えないというトラブルが当然起きます。もちろん、その際に過誤請求が発生する可能性も残ります。

以上のように、政府が示すメリットは、およそメリットとは言えないものばかりです。実際、厚生労働省が2023年5月に行った「医療情報・システム基盤整備体制充実加算にかかるインターネット調査」でも、マイナンバーカードを健康保険証として使った人の内、半数以上の56・5％がメリットは「特になし」と答えています。[26]

さて、本章の最後に、政府が主張するオンライン資格確認のメリットと健康保険証の廃止について整理してみます。オンライン資格確認はマイナンバーカードを使って行う場合と、健康保険証の被保険者番号を入力して行う場合の2つの方法があります（25頁の**図1**）。政府の主張通り、オンライン資格確認等システムが、過誤請求の防止、特定健診や診療・薬剤等情報の閲覧、高額療養費制度の簡素化などを実現する便利で有効な仕組みだとしても、これらの機能の利用は、これまで述べてきたように健康保険証（被保険者番号の入力）でも可能です。マイナンバーカードでないとできないわけではありません。また、健康保険証の場合は、顔認証で別人だと判定されるなどのカードリーダーに関わるトラブルは発生しません。とすると、オンライン資格確認等システムを温存したまま、健康保険証さえ残せば問題はないという考え方も成り立ちます。

しかし、注意しなければならないのは、被保険者番号の入力でオンライン資格確認を行った場合も、脱退・加入手続きのタイムラグなどがもとで、古い資格が医療機関等のパソコンに表示されたり、資格があるのに無資格だとの情報が表示されたりするトラブルが生じるおそれは、マイナンバーカードによるものと同じようにある点です。実態は未だ明らかにされていませんが、被保険者番号によるオンライン資格確認でも無資格などと間違って表示されるトラブルは同様に起きているはずです。もし、健康保険証の記載とオンライン資格確認で表示された情報に相違があった場合、過誤請求を防ぐという意味において、どちらを信用するのが正しい判断なのでしょうか。

こうしたトラブルも起こすべきではないとするなら、オンライン資格確認等システムの存在の是非も俎上に載せる必要があります。同時にマイナンバーと被保険者番号の紐づけ間違いが原因で起きている他人の情報が表示されるといったトラブルは、オンライン資格確認とは、全く関係のない話であるとともに、マイナンバー制度の本質に関わる問題だと理解する必要があります。オンライン資格確認等システムの是非については、マイナンバーカードの押しつけや、健康保険証の廃止といった今起きている問題だけでなく、医療・健康情報の利活用の是非や、個人情報保護の在り方も踏まえ、議論することが必要ではないでしょうか。

19 東京保険医協会経営税務部担当副会長談話「保険証のオンライン資格確認とそれを進める法案に反対します」２０１９年３月13日。

20 ２０１８年12月６日の社会保障審議会医療保険部会では、委員の一人である松原謙二・日本医師会副会長は、被保険者番号などの転記ミスを防ぐためにＱＲコードを使うことを提案しましたが、厚生労働省は健康保険証にＱＲコードを付けることを保険者に義務付けることは難しい、新たな健康保険証を発行するにはコストがかかるなどを理由にこれを拒否しました（厚生労働省保険局医療介護連携政策課保険データ企画室「オンライン資格確認等システムに関する運用等の整理案（概要）　令和元年６月版」）。

21 ＮＴＴドコモなど携帯電話の通信サービス各社は、２０２３年５月頃から、不正利用がなどあるとして健康保険証を契約時などにおける本人確認書類として扱うことをやめています。

22 要配慮個人情報は、個人情報保護法第２条第３項に規定されている「人種、信条、社会的身分、病歴、犯罪の経歴、犯罪により害を被った事実その他本人に対する不当な差別、偏見その他の不利益が生じないようにその取扱いに特に配慮を要する」個人情報のこと。

23 山本龍彦『おそろしいビッグデータ　超類型化ＡＩ社会のリスク』朝日新書。

24 自動振込の制度（手続きの簡素化）を行うかどうかは市町村の判断とされています。

25 愛知県の小牧市民病院では、受付で診察券情報をマイナンバーカードに登録することで、診察券として利用できるサービスが既に行われています。

26 厚生労働省中央社会保険医療協議会総会（第５４７回）配付資料「医療情報・システム基盤整備体制充実加算にかかるインターネット調査について（結果報告）」 https://www.mhlw.go.jp/stf/shingi2/000212500_00191.html

第4章　健康保険証廃止は弱者の切り捨て

■交付申請が困難な人たちの存在

マイナンバーカードの交付申請にも問題があります。障害や高齢などのため申請が困難な人がいるのは明らかです。しかし、マイナンバーカードの発行を行っている地方公共団体情報システム機構（地方公共団体情報システム機構法に基づく国と地方公共団体が共同で管理する法人。以下、「J－LIS」）の「マイナンバーカード総合サイト」のQ&Aには、「マイナンバーカードは原則ご本人様に申請していただく必要がございます。ただし、15歳未満および成年被後見人の方は、法定代理人[27]による代理申請が必要です。なお、特別な理由がある場合は、市区町村長が認める任意代理人により申請が可能ですので、住民登録のある市区町村にご相談ください」と素っ気なく書かれているだけです。[28]マイナンバーカードを健康保険証の代わりにし、健康保険証を廃止しようとするにもかかわらず、この程度の説明で済ませようとしているのです。正に弱者の切り捨てです。

ところで、保団連が2023年3月から4月に42都道府県の高齢者施設、介護施設等を対象に行った調査によると、回答を寄せた1219施設の内、93・5％の施設は利用者・入所者のマイナンバーカードの申請代理に対応できないと答えています。[29]理由（複数回答）は、「本人の意思確認ができない」83・0％、「手間・労力がかかり対応できない」79・8％、「本来業務ではない」65・4％、「行政職員が対応すべき」38・2％となっています。このままでは、マイナンバーカードの交付申請ができないために、健康保険が利用できない人たちがたくさん出て来ることになります。

また、申請書に添付する顔写真の問題もあります。顔認証に対応するため顔写真の要求が厳しく、それを満たすことができない障害者や寝たきりの高齢者などが存在することです。２０２３年5月17日に開かれた参議院の地方創生及びデジタル社会の形成等に関する特別委員会の参考人質疑で「障害者の生活と権利を守る全国連絡協議会」の事務局長である家平悟氏は、意見陳述として自治体窓口での申請却下の実態を次の様に紹介しています。

顔写真の背後に車椅子のヘッドレスト、まあ僕が後ろに付けているようなものですが、こういうものが写っているから却下されたというような事例があります。幾ら行政の窓口で説明しても、それがないと駄目だと、それを取らないと駄目だということを言われたということです。障害者の中には、首を固定するためのこういうヘッドレストが必ず必要で、そんなことは取れないと言うにもかかわらず、そういう意見も聞かないという実態もあります。

次に、全盲で、病気のため黒目がないというような人についても、黒目がないから写真を撮り直せというような指導が幾つもあったというようなことも聞いています。障害者の証明写真については、横を向いているだとか視点が合っていないだとか、そういう数々のことでトラブルが起こっているというのも現状です。

意思表示ができないということなどを言ってしまうと、交付がされないというような事例もあります。

こうした指摘があったからでしょうか、J－LISの「マイナンバーカード総合サイト」の申請書に添付する顔写真の注意点に「寝たきり、身体や顔に麻痺のある方で顔の正面からの撮影が困難な方、視線が定まらない方、目が開けられない方」、「車椅子やチューブが写り込んでしまう方」などについては、「交付申請書の表面の氏名欄に『病気により片目が開かない』など具体的に理由を記載して、交付申請書を送付ください。（適切な規格の写真が取れない箇所がわかるように記載していただく必要があります。）」との文言が、これまで条件とされてきた「正面、無帽、無背景のもの」にいつの間にか付け加えられています。[30]

この記載通りの運用が行われれば、顔写真の問題は〝解決〟するかも知れませんが、高齢者施設等が指摘する「手間・労力がかかり対応できない」だけでなく、「本人の意思確認ができない」という解消不可能な問題は残ります。

■弱者切り捨ては、交付時にも、利用時にも

問題はマイナンバーカードの交付時にもあります。受取りは、送られてきた交付通知書（はがき）と運転免許証やパスポート、障害者手帳、在留カードなどの本人確認書類等を持参し、指定された市役所等の窓口などに申請者本人が出向くことが基本です。本人に限定しているのは、交付時に、受取りに来た者と、マイナンバーカードに記載された顔写真とを比較することで本人であることを確認するためです。また、受取り時には、英数字6文字以上16文字以下の署名用電子証明書用のパスワードと、数字4桁の利用者証明用電子証明書用の暗証番号の設定も求められます。

しかし、障害や高齢などのため、窓口に受取りに行くのが困難な人や、パスワードや暗証番号の設定や記憶が困難な人もいます。政府も、こうした事態を多少は配慮したのか、J－LISの「マイナンバーカード総合サイト」には、「ご本人が病気、身体の障がい、その他やむえない理由により、交付場所におこしになることが難しい場合に限り、代理人にカードの受け取りを委任できます」とあります。[31] しかし、代理人による受取りは、そう簡単ではありません。「ご本人の出頭が困難であることを証する書類（例）診断書・本人の障がい者手帳・本人が代理人の施設等に入所している事実を証する書類」に加え、法定代理人については「戸籍謄本その他の資格を証明する書類（ただし、本籍地が市区町村の区域内である場合は不要）」、その他の場合は「委任状や補佐人及び補助人に係る登記事項証明書の代理行為目録等、交付申請者の指定の事実を確認するに足る資料」が必要と書かれています。

障害や高齢などのため、医療機関等の窓口でのマイナンバーカードを使った本人確認が困難な人も当然います。顔認証をするためには、窓口に置かれたカードリーダーに顔を向ける必要がありますが、障害や高齢などのためそれが困難な人もいます。厚生労働省のQ＆Aには「障害がある場合、職員の方に介助をお願いしてもよろしいでしょうか」という質問に対し、「患者の方の希望によりご本人の前で支援を行うことを妨げるものではありません。ご自身でマイナンバーカードを顔認証付きカードリーダーに置くことが難しい等のやむを得ない事情があり、患者ご本人から希望があった場合に、家族の方や介助者、職員等が患者のマイナンバーカードを顔認証付きカードリーダーに置く等の必要な支援を行うことは、差し支えありません」と書かれているだけです。[32]

しかし、マイナンバーカードをカードリーダーに置けたとしても、カードリーダーのカメラに顔をうまく向けることができない場合もあります。例えば、窓口のカウンターが高い場合、車椅子に乗ったまま顔の位置をカメラに合わせるのは困難でしょう。これに対し、顔認証が困難な場合は暗証番号の入力での本人確認を行うこともできると政府は答えるでしょう。しかし、本人が暗証番号を押せない場合はどうするのでしょう。付き添いのヘルパーなどが本人から聞き出し、代わりに入力するのでしょうか。もし、本人が覚えていなかったなら、どうすればよいのでしょう。

先に紹介した保団連による高齢者施設、介護施設等を対象に調査によると、健康保険証廃止による利用者・家族への影響（複数回答）について、「マイナンバーカードの取得・利用が困難な本人・家族の負担が増加する」が88・5％、「マイナンバーカードの紛失・更新切れ・破損などへの対応が困難」が83・8％、「本人が手続きに必要なIT機器が使えない・理解できない」が79・7％、「マイナンバーカードの紛失・盗難など施設等とのトラブルの増加」が75・4％、「情報漏洩やセキュリティ対策が不安」が70・8％、「マイナンバーカード取得に必要な顔写真の撮影・取得が困難」が56・0％、「医療機関に受診の際の付き添いサービスが受けられなくなる」が27・5％となっています。政府は、こうした現場からの声を聞くつもりは全くないのでしょうか。

健康保険証であれば、紛失でもしない限り、本人が発行や交付を求める必要は全くありません。また、医療機関等の窓口に出すだけで健康保険が利用できます。付添人に預けることも、代わりに窓口に出してもらうことも何ら問題ありませんでした。しかし、マイナンバーカードの健康保険証としての利用と、健康保険証の廃止は、こうしたことを全てひっくり返すものです。政府が、国民皆保険制度のもとで、これほど酷い弱者切り捨てを平然と行うとは、本当に驚き呆れるばかりです。

岸田政権は「誰一人取り残さない、人に優しいデジタル化」を進めるとしています。[33] しかし、実際に進められているデジタル化は、対応できる者だけを相手にした弱者の切り捨てであることは、マイナンバーカードの健康保険証利用を見ただけでも明らかです。「誰一人取り残さない」は魂のこもらない、空虚なものであり、絵空事に過ぎないのです。

■入所施設でのマイナンバーカードの管理は可能なのか

高齢者施設などの入所施設が、入所者のマイナンバーカードや暗証番号の管理ができるのかの問題もあります。先に紹介したように保団連は高齢者施設、介護施設等を対象に調査を行っていますが、調査を行った理由について、「(厚生労働省は)マイナカード利用が困難な方への対応として、マイナカードの申請・代理交付等の支援について施設職員や支援団体等に協力要請する、施設長が施設入所者分のマイナカードを管理し、さらに、医療機関・薬局の受診等の際にマイナカードを介助者など第三者に預ける場合等の対応を検討するとしている」が、「このままではマイナカード管理が困難な方の医療アクセスが制限されるだけでなく、利用者・入所者の健康保険証を管理してきた介護・高齢者福祉関係者にとって多大な負担となる。利用者・家族との無用な混乱・トラブルを招きかねない。健康保険証廃止、マイナカードが基本とする方針で介護現場、高齢者施設にどのような影響が生じうるのかを明らかにするため」だとしています。

調査に回答を寄せた施設のうち、83・6%が利用者・入所者の健康保険証を管理しているとしているものの、94・0%の施設がマイナンバーカードは管理できないと答えています。理由（複数回答）は「カード・暗証番号の紛失時の責任が重い」91・1%、「カード・暗証番号の管理が困難」83・8%、「不正利用、情報漏洩への懸念」73・5%、「家族の同意が得られない」41・0%となっています。

また、健康保険証廃止による施設への影響・危惧（複数回答）については、「マイナンバーカードの取得・利用が困難な利用者への対応増加（代理申請等）」が90・0%、「マイナンバーカードの紛失・更新切れ・破損、再発行などへの対応が困難となる」が81・8%、「保険証と一体化したマイナンバーカード（暗証番号含む）の管理が困難となる」が80・7%、「マイナンバーカードの紛失・盗難など家族等とのトラブルの増加」が76・2%、「施設内でのカードの紛失・再発行の手間や労力の増加」が75・4%、「情報漏洩やセキュリティ対策が不安」が71・1%、「医療機関に受診の際の付き添いサービスを提供できなくなる」が28・8%となっています。

調査結果を踏まえ、保団連は健康保険証が廃止されると、利用者・入所者の医療へのアクセスが困難を抱えることになるだけでなく、利用者・入所者のマイナンバーカードの管理に伴い、介護・高齢者福祉関係者に多大な負担となるともに、利用者・家族と施設側との無用な混乱・トラブルを招きかねないとしています。なお、健康保険証の廃止については、62・7%の施設が反対と答えており、賛成はわずか7・8%に過ぎません。

■暗証番号不要のマイナンバーカードと介護保険証

高齢者施設、介護施設から、マイナンバーカードの管理などできないとの声が出るのは当然です。しかし、政府は〝対策〟を何も考えていなかったわけではありません。

松本剛明総務大臣は2023年7月4日の記者会見で、「福祉施設などからは様々なご意見をいただいておりまして、認知症などで暗証番号の管理に不安がある方が、安心してカードを利用でき、代理交付の際の代理人の負担軽減にもつながるように、暗証番号の設定が不要なカードの申請受付・交付について、今年11月頃から開始できるように、今検討をしております。このカードは、暗証番号は利用できませんが、顔認証・目視確認によりオンライン資格確認を行うものとなってまいります」と、本人確認に暗証番号を使わない新しいタイプのマイナンバーカードの交付を始めると述べました。

この発表に対し、それなら健康保険証のままでよいのではないかなどと、松本総務大臣はSNSなどで失笑を買ってしまいました。しかし、これは本当に笑い話に過ぎないのでしょうか。政府は介護保険証もマイナンバーカードと一体化する考えを早くから持っています。2019年12月に閣議決定された「デジタル・ガバメント実行計画」の別紙「マイナンバーカードを活用した各種カード等のデジタル化等に向けた工程表」には、介護保険証とマイナンバーカードの一体化を2023年度以降に本格化すると書かれています。また厚生労働省は同年度に「老人保健健康増進等事業推進費等補助金」を使って「介護分野におけるマイナンバーカードによる資格確認に関する調査研究」をエヌ・ティ・ティ・データ経営研究所に行わせています。[34] こうした経緯を踏まえ、2023年6月閣議決定の2023重点計画に、「介護保険証等、介護分野の各種証明をマイナンバーカードで行える」よう取組みを進めるとの文言が盛り込まれました。

マイナンバーカードが介護保険証となれば、医療機関等がオンライン資格確認に利用するシステムと同様のものが高齢者施設や介護施設などの介護事業所にも置かれ、現在の介護保険証に記載されている氏名や住所、交付年月日、要介護状態区分等、認定年月日、区分支給限度基準額などの確認がオンラインで行われるようになるでしょう。そうなれば、高齢者施設や介護施設などは利用者・入所者のマイナンバーカードを介護保険証として管理しなければならなくなりますから、健康保険証としての利用以上に暗証番号の管理が大きな問題となります。そうした問題を介護保険証化の計画を持っている政府が全く想定していなかったとは考えられません。実際、２０１９年度の「調査研究」の報告書には、今後の検討事項の1つとして「被保険者本人が認知症等でＰＩＮ認証（引用者注：暗証番号の入力による本人確認）ができない場合や寝たきりで顔認証できない場合等に本人確認を行う方法の整理を実施する必要がある」と書かれています。

ですから、政府はかなり以前から暗証番号を設定する必要がないマイナンバーカードの準備を進めていたとみるべきでしょう。[35] もし、総務省やデジタル庁の内部で、暗証番号なしの検討がなされていなかったのなら、松本総務大臣の記者発表から4カ月足らずの２０２３年11月から新しいタイプのマイナンバーカードの交付を始めるなどと公言できなかったはずです。

なお、暗証番号を使わないのなら、寝たきりの高齢者はどのようにして顔認証をするのか、できないのではないかといった批判もあるようです。しかし、注意する必要があるのは松本総務大臣が「顔認証・目視確認によりオンライン資格確認を行う」としていることです。すなわち医療機関等の職員が目で見て本人だと確認すれば、それでよいということです。また、暗証番号の設定が不要なマイナンバーカードについて厚生労働省は「マイナポータルなど暗証番号が必要なサービスは利用できないが、医療機関・薬局の受診等には利用可能」であり、「患者ご本人の同意に基づき、過去の受診・薬剤情報等を、医療機関・薬局に提供することが可能」としています。[36]もっとも、本人の意思確認が困難な場合は、本人同意も確認できませんから、こうした情報を医療機関等に提供することはできないことになります。

■短期保険証、被保険者資格証明書も廃止

政府は、生活保護受給者に対する医療扶助について、現在、紙で発行している医療券・調剤券に代わって、2021年の生活保護法等の改正に基づき、健康保険証と同様に2023年度中にマイナンバーカードを使ったオンライン資格確認で対応できるようにする予定だとしています。

また、先の国会での法律改正により、保険料滞納者に交付している有効期間を1から6カ月に短くした短期被保険証や被保険者資格証明書は、2024年秋に予定されている健康保険証の廃止と合わせて、廃止されることになりました。これまで健康保険料の長期滞納者について、市町村国保は、健康保険証の返還を求め、代わりに被保険者であることを証明する被保険者資格証明書を交付してきました。被保険者資格証明書を使って診療を受けた場合は、一旦、医療費の全額を医療機関等の窓口で支払い（10割負担）、後日、申請により保険給付相当額の払い戻しを受けることになります。これを特別療養費といいます。

厚生労働省は、現在のオンライン資格確認の仕組みでも、医療機関等では、特別療養費の対象者かどうかを確認できるが、2024年秋の健康保険証の廃止後は、これまで被保険者資格証明書の対象であった者は、マイナンバーカード、または資格確認書（特別療養費の対象者である旨を記載）を提示して受診することになるとしています。

これまで被保険者資格証明書を交付する際には健康保険証の返却が求められることから、滞納者は市役所等などに呼び出され、国民健康保険の担当者との面談が必要とされてきました。その際には納付に向けた相談だけでなく、生活状況などによっては生活保護の申請も含め生活相談も行われることもあります。ところがオンライン資格確認のシステムを使えるとなると、市役所等などで職員がパソコンから、オンラインでいつでもマイナンバーカードを健康保険証から特別療養費の対象者である『証明書』に変更することができるようになります。滞納者と接触することなく一方的に変更することも可能でしょう。なお、厚生労働省は、特別療養費の支給に変更する際には、滞納者に事前通知を行うとしていますが、通知の具体的な内容などについてはまだ明らかとはなっていません。

市町村の中には、これ幸いと滞納者に対する〝制裁措置〟として、これまでの短期保険証の交付の代わりに、こうした〝変更〟を乱発するところも出てくるのではないでしょうか。医療機関の窓口で健康保険証の代わりに出したマイナンバーカードが、いつのまにか〝変更〟され、全額自己負担と言われ、どうすればよいのかわからず困り果て、診療をあきらめ重症化したり命を縮めたりする人も出て来るでしょう。

■2024年の秋、市役所も医療機関等も大混乱

マイナンバーカードを健康保険証として使い続けるには、5年に1度の公的個人認証の電子証明書の更新と、10年（18歳未満は5年）に1度のマイナンバーカードの更新が必要です。これらの更新には市役所等に自ら出向く必要があります。しかし、更新をする必要――そもそも電子証明書の存在を知っている人は、ごく少数でしょう――についてどれだけの人たちが、その意味も含め理解しているのでしょうか。

マイナンバーカードの交付が始まってから10年となる2026年頃から、カードの有効期限切れは年を追う毎に増えていきます。同時に、マイナポイントをもらうためにカードを取得した大勢の人たち（2020年約1200万人、2021年約2100万人、2022年約2400万人）の電子証明書の有効期限も順次訪れます。市役所等は、こうした人たちへの対応で大混乱すると思われますが、医療機関等の窓口にも、マイナンバーカードでのオンライン資格確認が突然できなくなり、その意味も対処法もわからず立ち往生する人が溢れ、職員たちはその説明に追われることになるでしょう。医療機関側には何の責任も、落ち度もないのに理不尽な苦情を投げつけられることになるかも知れません。

しかし、その前に市役所等にはもっと大きな波がやって来ます。政府の計画通りにことが進めば、2024年の秋頃から健康保険証の廃止について説明を求める人、苦情を申し立てる人、そして資格確認書を求める人で、市役所等の健康保険担当課の窓口は、大混雑、大混乱することになるでしょう。健保組合や、協会けんぽ、共済組合も同様の対応を求められることになります。担当職

員は、その対応に追われ、疲弊し、新たなるミスを招くことになるのではないでしょうか。

■走り出してから考えるアジャイルガバナンスという手法

国民に理解を求めず、説明も不十分なまま、マイナポイントという〝人参〟を鼻先にぶら下げるかのような稚拙なやり方で、マイナンバーカードの普及を図ったことが、様々なトラブルを招いた原因の1つであることは間違いありません。しかし、根本的な原因は、マイナンバー制度の設計の失敗にこそあるのではないでしょうか。あれもしたい、これもしたいと、現場の実態を把握することもなく、机の上だけで考えた案をもとに、後から次々と継ぎ足していく、そういうやり方に問題があったのではないでしょうか。特に、権利や公平性の考えが希薄な民間企業からのスタッフを大勢抱え込むデジタル庁が発足し[37]、同庁がマイナンバー制度の主管となってからは、取りあえずスタートをし、問題が出てくれば、その時に考え、対処していけばよいという考えが支配的になっているのでしょう。

デジタル庁のデジタル臨時行政調査会（会長：岸田首相）は、2021年12月に策定した「構造改革のためのデジタル原則」の1つに、「データを活用して政策の点検と見直しをスピーディに繰り返す、機動的な政策形成を可能」とする「アジャイルガバナンス原則（機動的で柔軟なガバナンス）」をあげています。

アジャイルガバナンスとは、経済産業省「新たなガバナンスモデル検討会」の報告書「アジャイル・ガバナンスの概要と現状（2022年1月31日）」によれば、「不確実性の増加する社会においては、事前に正しいルールや責任の所在を定めておくことが困難であるため、失敗を許容しつつ、社会全体で継続的に学習し、ガバナンスの仕組みを迅速にアップデートし続ける」手法です。

マイナンバーカードの健康保険証利用で吹き出している様々なトラブルに対し、対処法を後から繰り出すという〝手法〟は、「データを活用して政策の点検と見直しをスピーディに繰り返す」、「失敗を許容しつつ、社会全体で継続的に学習し、ガバナンスの仕組みを迅速にアップデートし続ける」という考え方からすれば、問題などではなく、むしろ適正なものなのかも知れません。河野デジタル大臣は2023年6月30日のテレビ番組で「今まで起きている問題は段々少しずつ解決していきます」と話しましたが、[38] 彼は世間の無責任だとの批判など意に介することなく、「構造改革のためのデジタル原則」の「アジャイルガバナンス原則」をデジタル庁は実践しているだけだと、そう本気で思っているのかも知れません。

27 親権者や未成年後見人、成年後見人。

28 地方公共団体情報システム機構のマイナンバーカード総合サイト「マイナンバーカードを代理で申請することはできますか？」 https://www.kojinbango-card.go.jp/faq_apply28/

29 全国保険医団体連合会「健康保険証廃止に伴う高齢者施設等への影響調査結果」 -https://hodanren.doc-net.or.jp/hokenshohaishi/chosa/ なお、調査の対象とされた施設は、グループホーム、ケアハウス、障害者支援施設、特別養護老人ホーム、老人保健施設です。

30 前掲マイナンバーカード総合サイト「顔写真のチェックポイント」 https://www.kojinbango-card.go.jp/apprec/apply/facephoto/

31 前掲マイナンバーカード総合サイト「マイナンバーカードを代理で受け取ることは可能ですか？」 https://www.kojinbango-card.go.jp/faq_documents9/

32 厚生労働省「マイナンバーカードの保険証利用について（被保険者証利用について）」　https://www.mhlw.go.jp/stf/newpage_08277.html

33 首相官邸のウェブサイト内の「デジタル改革」のページには、「社会全体のデジタル化が進められる中、『誰一人取り残さない、人に優しいデジタル化』を進め、高齢者をはじめとした誰もがデジタルを活用できる社会を実現することが重要です」と書かれています。　https://www.kantei.go.jp/jp/headline/tokushu/digital.html

34 株式会社エヌ・ティ・ティ・データ経営研究所「令和元年度　老人保健事業推進費等補助金　老人保健健康増進等事業　介護分野におけるマイナンバーカードによる資格確認に関する調査研究　報告書」（２０２０年３月）　https://www.nttdata-strategy.com/services/lifevalue/docs/r02_07jigyohokokusho.pdf

35 河野太郎デジタル大臣、松本剛明総務大臣、加藤勝信厚生労働大臣を構成員とする「マイナンバーカードと健康保険証の一体化に関する検討会」が、２０２３年2月17日に取りまとめた「中間取りまとめ」には、「マイナンバーカードの取得に課題がある方への環境整備」として、「暗証番号の設定に困難を抱える申請者に対しては、顔認証による使用を前提としつつ、代理人に不要な負荷をかけないためにも、暗証番号の取扱いについて検討する」と書かれています。少なくとも、この時点では既に暗証番号の設定不要のマイナンバーカードの交付の検討が進められていたのは間違いないでしょう。

36 前掲、厚生労働省「マイナンバーカードと健康保険証の一体化について」

37 デジタル庁「２０２３年1月から3月の四半期活動報告（２０２３年3月30日）」は、「２０２３年度中に、専門性を有する民間出身人材を新たに２００名以上採用することを目指します。これにより、民間出身人材はすでに入庁している３００名とあわせて５００名規模となります」としています（https://www.digital.go.jp/policies/periodic-briefing）。

38 ２０２３年６月30日放送のフジテレビ系朝の情報番組「めざまし８」。

第5章　マイナンバー制度とプロファイリング

■マイナンバー制度とは

マイナンバー（個人番号）とマイナンバーカード（個人番号カード）から成り立つマイナンバー制度（**図4**）は、番号法（「行政手続における特定の個人を識別するための番号の利用等に関する法律」２０１３年５月に成立）に基づき、２０１５年10月に住民票のある全ての国民と中長期在留者や特別永住者等の在留外国人（以下、「国民等」）にマイナンバーとして12桁の番号を付番することでスタートしました。マイナンバーは、複数の行政機関等が保有する個人情報を同一人のものであることを確認するための番号として、２０１６年１月以降、行政機関等（市役所等、税務署、日本年金機構、健保組合、ハローワーク等）が順次利用を開始しました。一方、マイナンバーカードは自分のマイナンバーはこれだと、行政機関等や勤務先などに対して証明するためのものです。マイナンバーカードは本人からの申請により市町村長が交付しますが、取得の義務はなく、あくまでも任意です。有効期間は、発行日から10回目の誕生日（未成年者は５回目）までです。

マイナンバーとマイナンバーカードが、それぞれの役割を果たせるように作られたのが、①マイナンバーを使って行政機関等の間で個人情報をやりとりする情報連携（名寄せ）を行う情報提供ネットワークシステム――行政機関等に申請等を行う場合に、住民票の写しや所得証明等の添付が省略されるようになったのは、このシステムが構築されたため、②情報提供ネットワークシステムを活用

図4　マイナンバーとマイナンバーカードの違い

	マイナンバー（個人番号）	マイナンバーカード（個人番号カード）
どのようなものか	個人を識別、特定するための12桁の番号。	マイナンバーが記載されたＩＣチップ付きのカード。 ＩＣチップには、公的個人認証の電子証明書等が記録されている。
対象は誰か	住民票を持つ日本国内の全ての住民（国民、特別永住者、中長期在留者等）に、本人の意思とは関係なく、既に付番されている。	希望者が、住民票のある市町村に交付申請を行うことで取得する。 取得は義務ではなく任意。
何に使われるのか	市町村や都道府県、税務署、日本年金機構、ハローワーク、健保組合などの行政機関等が持つ個人情報に紐付けることで、情報提供ネットワークを使って、行政機関等が他の行政機関等から個人情報を取得したり、特定の者に関する個人情報を名寄せしたりできるようにしたもの。	勤務先や役所等にマイナンバーを告げる際に、自分の番号であることを証明するためのもの。 券面に氏名・住所・顔写真等が記載されていることにより身分証としても利用できる。 ＩＣチップ内の電子証明書を使うことで、オンライン資格確認や、コンビニでの住民票の写しなどの交付、電子申請等ができるマイナポータルを利用する際の本人確認などにも利用される。

（黒田充作成）

することで自己情報の確認などができるようにしたマイナポータル、そして③公的個人認証の電子証明書です。これらを包括的に管理しているのは内閣総理大臣をトップに置くデジタル庁と総務省であり、これらのシステムを日々運用しているＪ－ＬＩＳを所管するのもデジタル庁と総務省です。

ところで、マイナンバー制度を話題にすると必ず出てくるのは、住基ネット（住民基本台帳ネットワーク）は失敗した、廃止されたという話です。これは誤解です。マイナンバーと住民票記載情報（住所、氏名、性別、生年月日等）を結びつけているのは、全国の市町村の住民票システムとつながっている住基ネットです。また、電子証明書を発行する公的個人認証のシステムも住基ネットの住民票情報に依拠しています。住基ネットは、マイナンバー制度全体を下から支え続けているのです。失敗もしていませんし、廃止もされていません。

では、住基カード（住民基本台帳カード）はどうでしょう。確かにマイナンバーカードの交付が始まることで廃止されましたが、マイナンバー制度を推進する側から見れば、マイナンバーカードの試作品として問題点を洗い出すことができ大成功したとも言えます。

なお、国民の個人情報に番号を付けて管理運用する制度、いわゆる番号制度には1つの番号を様々な個人情報と結びつけ多分野で使う共通番号制度と、特定の分野だけで使う分野別番号制度がありますす。住民票コードや基礎年金番号、被保険者番号など、従来から使われている番号は分野別番号です。一方、マイナンバーは共通番号制度の一種なのですが、住民票コードや基礎年金番号、被保険者番号などを残したまま、これら既存の番号とマイナンバーとを紐付けることで、名寄せ等を行うという世界的にも珍しい複雑な形態を取っています。[39]

■個人情報、プロファイリング、ID

対象者に関する様々な個人情報（個人データ）を名寄せすることで、対象者の人物像をコンピュータなどを使って「仮想的」に作り出すことをプロファイリング（profiling）と言います。

今日、私たちは電子メールや、フェイスブックやツイッター（X）、ラインなどのSNS、グーグル等によるネット検索、クレジットカード、ポイントカード、〇〇ペイなどの電子マネー、銀行のATM、SuicaやICOCAなどのICカード乗車券、有料道路のETC、健康保険などの利用、住民登録をはじめ所得や税、福祉、教育など暮らしに関わる様々な情報の行政機関への届出、医療機関での診療や投薬、検診や健診、街角や商業施設・公共施設などの防犯（監視）カメラなど、便利で快適、安心・安全なサービスを享受するために、氏名や住所だけでなく、メールの相手や、検索・閲覧の内容、位置・移動・行動、商品・サービスの購買、預貯金・財産・所得、健康状態等々のたくさんの個人情報をばらまき暮らしています。

もし、これらをかき集め、誰のものか特定し、巧みに組み合わせることができれば、人物像――職業や収入、資産だけでなく、行動パターン、趣味・趣向、思想・信条なども――を推定するプロファイリングが可能となります。そして得られた人物像を設定された基準に従って評価し、「あなたはこういう人間だ」と決めつけ、選別や分類、点数化、等級化などを行うことで、特定の目的――企業の利益拡大、社会保障給付の制限、国民の管理統制など――を実現するための誘導や制限、排除、優遇などが可能となります。

購買履歴から所得や趣味を推測し、購入可能性の高い商品の案内を行うことは、今日ではもはや珍しいことではなくなっていますが、生育歴や検診・健診結果から将来の発病の可能性を予測し、生命保険料を変える、生活習慣や受診・投薬の履歴から、これ以上は無駄だとして医療提供を制限する、読書履歴やSNSへの投稿から思想傾向を推測し、投票先を誘導する、交友関係などからテロ犯の可能性ありとして、航空機への搭乗を拒否することなどもあり得ます――こうした選別と干渉のいくつかは、程度の差はあるものの、一部の地域や国々では実用化されているようです。

プロファイリングを正確かつ効率的に行うためには、ばらまかれた個人情報が誰のものであるかを正確に識別することが必要不可欠です。そのために必要なのが、それぞれの個人情報に紐付けられたＩＤ（識別子）です。購買履歴など様々な個人情報と紐付けられているクレジットカードやポイントカードの番号は、こうしたＩＤの一種であり、携帯電話番号やメールアドレスもＩＤとして機能しています。もちろん、マイナンバーもＩＤの一種です。

■プロファイリングとAI

プロファイリングや、その結果に基づく選別等には、今日ではAI（人工知能）などのコンピュータが使われます。例えば、AIにテロを起こす可能性がある者を国民の中から選び出させる場合を考えてみましょう。まず過去にテロを起こした者の個人情報をAIに渡し学習をさせます。AIは、与えられたデータからどの様なタイプの人間がテロを起こすのかというパターン（法則性）を見い出します。この発見したパターンを次に、対象者、例えば、国民全体にあてはめることで、テロを起こす可能性のある者の選別が可能となります。もちろん可能性であって、選び出された者がテロを必ず起こすわけではありません。しかし、そう決めつけられた者は、本人の意思とはかかわりなく一方的に「テロを起こす可能性あり」のラベルが貼られたバーチャル（仮想空間）の箱に放り込まれ、要注意人物として警察の監視対象となるでしょう。

これは医療・健康分野でも同じです。例えば××癌が原因で早世する可能性がある者を探し出す場合、まず過去に××癌で早世した者の個人情報をAIに学習させます。どういったタイプの人間が××癌で早世するのかといったパターンを見つけるのです。そしてこのパターンをプロファイリングの対象者――例えば、全ての健康保険加入者――にあてはめることで、××癌で早世する可能性のある者をAIは選び出します。もちろん可能性であって、選び出された者が必ず××癌で早世するわけではありません。しかし、そう決めつけられた者は、本人の意思とはかかわりなく一方的に「××癌で早世する可能性あり」のラベルが貼られたバーチャルの箱に放り込まれ、生命保険への加入が制限されたり、就職が困難になったりするかも知れません。もちろん早期発見のために定期健診などを受けるように促すことや、その予防に役立つとして怪しげな健康食品を売りつけることも可能でしょう。

もしも与える学習データに偏りや誤りがあればどうなるでしょう。当然、判断にも偏りが生じることになります。[40] ところが、ＡＩは人間のような偏見を持たず公平だと思い込み、回答を正しいと信じてしまう危険性――昨今のＡＩを使ったチャットＧＰＴに対する日本社会の無邪気とさえ思える過熱ぶりを見れば明らかなように――が存在します。自動販売機や自動改札機がエラーを起こした際に、まず疑われるのは私たち利用者の方です。また、なぜＡＩがそう判断したのか、推論の過程や根拠が誰も分からないという事態、いわゆる「ブラックボックス化」も起きることになるでしょう。

ＡＩが行ったプロファイリングの結果、例えば、過去の就職活動の失敗歴や、低賃金の非正規労働に就かざるを得なかった職歴などをもとに「職務執行能力が低い」と書かれたバーチャルの箱に放り込まれてしまった場合、果たして努力さえすれば抜け出すこと（正規の社員としての採用や、融資を受けての起業など）は可能なのでしょうか。山本龍彦教授は「明確な理由もわからずＡＩの予測評価によって社会的に排除され続けている者たちが多数存在」する仮想空間を「バーチャル・スラム」と表現しています。[41] こうした仮想空間は、ＳＦ小説や映画の中のお話ではなく、私たちが気付かないだけで、すでに身近に存在しているのかも知れません。[42]

■社会保障番号とマイナンバー

マイナンバー制度の出発点は、小泉純一郎政権（2001～06年）において社会保障費の削減を目的に検討された社会保障番号です。小泉政権は、国際競争力の強化を合言葉として、大企業の税・社会保障負担の軽減や規制緩和、労働力の流動化などによる国内高コスト構造の是正とともに、公的部門やサービスの市場化・営利化などによる新市場・新ビジネスの創設を図るとする構造改革を進めていました。社会保障の分野では、「国に頼るな」「国をあてにするな」とばかりに自助自立や自己責任が強調され、社会保障費の総抑制とともに、介護保険の導入や保育の民営化などが進められました。

しかし、国民全体を対象とした社会保障費の削減、すなわち小泉首相が言うところの「痛みを分かち合う」方式だけ――例えば健康保険料の一律引き上げや、年金支給額の一律引き下げなど――では、国民からの反発は大きく、限度があります。そこで考えられたのが、全体に対してではなく個別に、国民一人ひとりの条件に応じて削減していくことを目的とした「『真』に支援が必要な人に対して公平な支援を行うことのできる制度」（「経済財政運営及び経済社会の構造改革に関する基本方針（骨太の方針2001）」[43]2001年6月26日閣議決定）の実現であり、その仕組みとして社会保障番号の導入が構想されました。

それは、一人ひとりを識別するIDとして社会保障番号を国民に付番し、これを使って個人情報を集めプロファイリングすることで、国の定めた基準にしたがって一方的に評価、判定し、「真に支援が必要な者」と「本当は必要でない者」とに選別し、給付の重点化・効率化を図ろうというものです。

当時、社会保障番号を使って一生の負担額（税や保険料）と給付額（医療や年金）を一人ひとりについて求め、これを天秤に掛け、もらい得を防ぐための「社会保障個人会計（仮称）」の制度化も骨太の方針について議論をする経済財政諮問会議などで真面目に検討されていました。日本経済団体連合会（経団連）は、さらに踏み込み、もらい過ぎの者は死後、遺産で精算することさえ提言（2004年9月21日「社会保障制度等の一体的改革に向けて」）していました。

■マイナンバー制度とプロファイリング

マイナンバー制度は、社会保障番号構想に、国税庁の長年の悲願であった納税者番号制度を乗せることで、社会保障・税番号制度（共通番号制度）として、2016年1月にスタートしました。

マイナンバー制度は「複数の機関に存在する特定の個人の情報が同一人の情報であるということを確認するための基盤であり、社会保障・税制度の効率性・透明性を高め、国民にとって利便性の高い公平・公正な社会を実現するための基盤（インフラ）である」とする総務省自治行政局の資料には、マイナンバーは「税務当局が取得する所得や納税の情報をマイナンバーで名寄せし、課税逃れを防止」する納税者番号であるとともに、「年金・福祉・医療等の社会保障給付について、真に支援を必要としている者に対し迅速かつ適切に提供」する社会保障番号だと明記されています（**図5**）。[44] これは、マイナンバーを使って行政機関等が保有する国民等の個人情報を名寄せし、一人ひとりについてプロファイリングを行い、給付の対象とすることが「真」か「偽」かの判定を行い選別していこうと

図5

マイナンバー制度の意義について

マイナンバー制度は、複数の機関に存在する特定の個人の情報が同一人の情報であるということを確認するための基盤であり、社会保障・税制度の効率性・透明性を高め、国民にとって利便性の高い公平・公正な社会を実現するための基盤（インフラ）である。

Ⅰ 納税者番号（納税改革）

- 税務当局が取得する所得や納税の情報をマイナンバーで名寄せし、課税逃れを防止。

社会保障番号（給付改革）

- マイナンバーを活用し、年金・福祉・医療等の社会保障給付について、真に支援を必要としている者に対し迅速かつ適切に提供。

→ 公平公正な負担と給付

Ⅱ 情報連携（バックオフィス改革）

（平成29年7月～試行運用開始）

- 国の行政機関や地方公共団体がそれぞれで管理している様々な同一人の情報をオンラインで紐付けし、相互に活用。
- 行政手続を行う際の添付書類の削減（ペーパレス）、複数行政機関にわたる手続きのワンストップ化を実現。

（例）
> 介護保険の保険料の減免申請で住民票の写し、課税証明書等の添付を省略
> 里親の認定の申請で住民票の写し、課税証明書の添付を省略

→ より効率的な住民サービス

Ⅲ マイナポータル

政府が運営するオンラインサービス。国民一人一人に用意されたポータルサイトで、行政機関への各種申請や行政機関からのお知らせ（プッシュ型）サービスが可能。（平成29年7月～試行運用開始）

※ Ⅰ～Ⅲを支える共通のツールが「マイナンバーカード」

2

出典:総務省自治行政局住民制度課「マイナンバーカードを活用したオンライン取引等の可能性について　令和5年3月」

いう意味です。もちろん選別の基準を決めるのは、社会保障にかかる費用の削減を目指す政府です。

このように小泉政権で構想された社会保障番号の考えは、そのままマイナンバー制度に受け継がれており、マイナンバー制度はプロファイリングのための制度であり、マイナンバーはプロファイリングを効率的に行うためのＩＤなのです。

政府は２０２１年６月に「骨太の方針２０２１（経済財政運営と改革の基本方針２０２１　日本の未来を拓く４つの原動力～グリーン、デジタル、活力ある地方創り、少子化対策～）」を閣議決定しました。そこには「マイナンバー制度を活用し、リアルタイムで世帯や福祉サービスの利用状況、所得等の情報を把握することにより、プッシュ型で様々な支援を適時適切に提供できる仕組みの実現に向けた工程を次期デジタル・ガバメント実行計画で具体化する」と書かれています。これは「支援を適時適切に提供」という名目のもと、真か偽かの選別を行うために、マイナンバーを使って個人情報をリアルタイムで把握し、プロファイリングを行うとする宣言と見てよいでしょう。ただし、本書の執筆時点では、次期デジタル・ガバメント実行計画は、まだ議論も決定もされていません。

■マイナンバーは特別な地位を占めるＩＤ

インターネットの利用が盛んになるにつれて、私たちは、これまでのクレジットカードなどの番号だけでなく、様々なサービスを享受するため多数のＩＤを持つことになりました。アマゾンや楽天市場で商品を買ったり、ネットニュースの有料記事を読んだり、FacebookやＬＩＮＥを利用したりするにもパスワードとともにＩＤが必要です。そうしたものの中で、マイナンバーは、住民登録制度によって氏名や住所などが常に最新かつ正確なのもの——生死も含め——になるように作られている住民票に基礎を置き、全ての国民等を網羅し、行政機関等が持つ様々な個人情報とも紐付けられていることから、他のＩＤとは全く異なる次元の特別な地位を占めるＩＤなのです。

こうしたマイナンバーが名寄せの威力を発揮するためには、マイナンバーと行政機関等が持つ様々な個人情報とが正確に紐付けられていることが必要不可欠です。ところが、マイナンバーカードの健康保険証利用で明らかになったような、マイナンバーと個人情報（今回は被保険者番号）との紐づけに間違いがあったならば、マイナンバーによる名寄せは不正確なものとなり、マイナンバーは役に立たないということになります。すなわち、健康保険証利用で起きているトラブルは、マイナンバーカード云々の次元で収まらない、マイナンバーの存在意義を揺るがしかねない、制度の根幹に関わる極めて深刻な問題なのです。

２０２３年７月８日、河野デジタル大臣は、マイナンバーカードの自主返納が増えているがとの記者の質問に対し「返納されている方もクレジットカードを毎日のように使い、むしろいろいろな個人の情報はクレジットカードで分かる。あまり変なことに惑わされない方がいい」述べました。[45]確かにクレジットカードの番号とは、氏名や住所、銀行口座などの個人情報に加え、カードを使うことで、商品やサービスの購入、キャッシング（借金）の履歴といった個人情報が紐づけられていきますから、クレジットカード（の番号）から「いろいろな個人情報」がわかるのは事実でしょう。しかし、既にマイナンバーと紐付けられている、また、今後、紐付けられていくことになる個人情報は、クレジットカードの番号のそれとは、比べものにならない質と量であり、人生全般に関わるものです。だからこそ、マイナンバーは「年金・福祉・医療等の社会保障給付について、真に支援を必要としている者に対し迅速かつ適切に提供」する仕組みとして使えるのです。利用が全くの任意であるクレジットカードの番号では、こんな芸当はできません。

また、クレジットカードの場合、解約すれば番号と新たな個人情報との紐づけは停止します。しかし、マイナンバーは漏えいして不正に用いられるおそれがあると認められる場合以外は「原則として生涯同じ番号を使い続けていただき、自由に変更することはできません」（デジタル庁「よくある質問：マイナンバー（個人番号）について」）。[46] 河野大臣が、こうした違いを知らないはずはありませんから、この程度の話で多くの国民は納得するだろう、煙に巻くことができるだろうとの考えからの発言なのでしょう。

■マイナンバーと個人情報の紐付け

より正確なプロファイリングには、より多くの個人情報が必要です。番号法は、国の行政機関や地方自治体などが、「個人情報を効率的に検索し、及び管理するために必要な限度で個人番号を利用すること」（9条1項）ができる事務を別表等で列挙しており、マイナンバーは、既に社会保障や税分野の様々な個人情報と紐付けられています。ただし、マイナンバーと紐付けられている個人情報が具体的に何と何であるかを、この表などから窺い知ることは困難です。一方、マイナポータルで表示される個人情報は、マイナンバーを使って名寄せされたものですから、当然、マイナンバーと何らかの形でつながっているはずです。そこで、マイナポータルで表示できる個人情報の項目をマイナポータルのウェブサイトから見てみると、次の様になります。

◎健康・医療：健康保険証情報、診療・薬剤情報、予防接種、特定健診・後期高齢者健診情報、検診情報、学校保健、難病患者支援など

◎税・所得・口座：所得及び個人住民税、医療費通知情報、公金受取口座

◎年金：年金資格記録、年金支払額、振込予定日、年金生活者支援金情報など

◎子ども・子育て：児童手当の支払額・支給年月等、ひとり親家庭向けの児童扶養手当・自立支援金などの給付情報、母子保健（妊娠届、妊産婦・乳幼児の健康診断情報、未熟児の養育医療費の給付情報）、特別支援学校の就学奨励費の情報、障害児支援などに関する給付等の情報など

◎世帯情報：住民票記録

◎福祉・介護：障害者手帳、療養介護・自立支援に関わる給付情報、生活保護に関する情報、中国残留邦人等支援の情報、介護保険に関する資格・給付情報

◎雇用保険・労災：雇用保険・教育訓練給付金に関する情報、労働災害、地方公務員災害に関する給付情報

ただし、これら7分野のおよそ40項目の個人情報だけがマイナンバーと紐付けられているのではありません。マイナンバー制度が「社会保障・税番号制度」であるにもかかわらず、マイナポータルで表示できる項目にあげられている税関系のものは、自治体が課する住民税に関するものだけで

す。所得税など国税に関する個人情報はありません。確定申告書にはマイナンバーの記載欄がありますから、確定申告の内容とマイナンバーが紐付けられているのは確実です。しかし、国税当局である税務署がどのような個人情報とマイナンバーとを紐付けているのかを、マイナポータルを見ても、私たちにはわからないのです。

今日、市役所等においては、税や福祉、教育などに関する住民の個人情報の多くは、住民票と関係づけられた形で、コンピュータで管理されています。住民票にはマイナンバーが記載されていますから、こうした個人情報も、コンピュータシステムの上ではマイナンバーと紐付けられていることになります。ただし、紐付けられていることと、マイナンバーのシステムを使って外部（他の行政機関等）に提供されることとは、また別の話です。例えば、固定資産税も賦課や徴収の事務を行う必要から、市役所等の内部ではマイナンバーとの紐づけが行われていますが、番号法で規定されていないため、外部への提供は、少なくとも現時点では行われていません。[47]

■マイナンバーと預貯金口座を紐づける3つの制度

預貯金口座へのマイナンバーの紐づけに関しては3つの制度が設けられています。1つは番号法に基づき2018年1月に始まった預貯金者からの任意の届出で紐付ける「預貯金口座付番制度」です。2つ目は「公金受取口座登録法（公的給付の支給等の迅速かつ確実な実施のための預貯金口座の登録等に関する法律）」に基づき2022年3月から始まった国や自治体からの給付を受け取るための公金受取口座を登録する制度です。7500円分のマイナポイントを進呈するキャンペーンで、登録が一挙に進んだのはこれです。マイナンバーカードを使ってマイナポータルにアクセスし、登録することから、マイナンバーカードと口座を紐付けるといった誤解が広がっていますが、口座を紐付けるのはマイナンバーとです。ですから、公金受取口座の登録後にマイナンバーカードを返納しても、マイナンバーと口座との紐づけは解消されません。解消したい場合は、マイナポータルで口座登録を解消する手続きをしなければなりません。

そして、さらに「預貯金者の意思に基づく個人番号の利用による預貯金口座の管理等に関する法律」が２０２４年5月に施行されることで、預貯金者の意思に基づき、１つの金融機関にマイナンバーを登録するだけで、他の金融機関にある同名義の口座にもマイナンバーを自動的に紐付けてくれる〝便利〟なサービスも始まる予定です。

公金受取口座の登録数は、デジタル庁のウェブサイトによると２０２３年８月13日時点で５７４３万件と、マイナンバーカード保有者の65％程度、全人口の半分以下に留まっています。デジタル庁が公開している週ごとの登録数を見ると、マイナポイントをもらうためのマイナンバーカードの交付申請が終了する直前の２０２３年２月末の週の１９１万件をピークに減少傾向にあり、７月以降は週あたり20万件足らずと低迷しています。[48]

政府は登録数を何としても増やしたいと考え、先の国会で公金受取口座登録法を改正しました。この改正により、年金受給者が年金の振込先として登録している口座を、本人からの同意のもと〝自動的〟に公金受取口座として登録することが可能となりました。これにより、政府は「デジタルに不慣れな方も簡易に公金受取口座の登録を行うことを可能にするとともに、給付の迅速化を図る」ことができるとしています。この紐づけは本人がマイナンバーカードを取得しているかどうかとは関係なく行えるのです。

もっとも本人同意を得るといっても、年金受給者に対して書留郵便等により書面で通知した上で、同意を得た場合だけでなく、書面が本人に届いてから30日以内に本人から回答（意思表示）がなかった場合も同意を得たとして登録される仕組み――事務は日本年金機構が政府から委託を受けて行う――です。障害や高齢などのため通知の意味を理解できない人や、回答をするのが困難な人は、岸田内閣のスローガンである「誰一人取り残さないデジタル化」とは裏腹に、「返事をしないものが悪い。自己責任だ」とばかりに、一方的に紐付けられてしまうことになります。

こうした一方的なやり方が正当化されるなら、今後、国民等のためなどとして、様々な個人情報を同様の手法でマイナンバーと紐付けていくことも、問題なしとみなされることになるでしょう。

■預貯金口座への紐づけと応能負担

経済財政諮問会議が２０２２年12月22日に決定した「マイナンバーの利活用拡大に向けたロードマップ」には、「預貯金口座へのマイナンバー付番の状況を見つつ公平な応能負担の推進を検討」との文言があります。これは同会議で同時に決定された「新経済・財政再生計画改革工程表２０２２」に基づくものです。工程表２０２２は、「給付と負担の見直し」として「必要な保険給付をできるだけ効率的に提供しながら、自助、共助、公助の範囲についても見直しを図る」とし、「高齢者医療制度や介護制度において、所得のみならず資産の保有状況を適切に評価しつつ、『能力』に応じた負担の検討」をするとしています。

そのために「マイナンバーの導入等の金融資産の把握に向けた取組を踏まえつつ、医療保険における負担への金融資産等の保有状況の反映の在り方について、2020年の関係審議会のとりまとめを踏まえ検討課題の整理を行うなど関係審議会等において、預金口座へのマイナンバー付番の状況を見つつ、検討」するとしています。「2020年の関係審議会のとりまとめ」は、厚生労働省・社会保障審議会医療保険部会が2020年12月23日に取りまとめた「議論の整理」のことです。そこには「現時点で金融資産等の保有状況を医療保険の負担に勘案するのは尚早であることから、預金口座へのマイナンバー付番の状況を見つつ、引き続き検討すべきである」と書かれていました。これは、預金口座へのマイナンバーの付番がまだ進んでいない現状で、その話を持ち出せば、国民は反発し、付番が進まなくなるとの意味でしょう。

政府はこれまで預貯金口座へのマイナンバーの紐づけを国民等に促すに際して、資産の保有状況を把握し、健康保険など社会保障における負担に反映するためなどとの説明は一切行ってきませんでした。しかし、公金受取口座の登録が一定進んできたこと受け、いよいよ本音を表してきたのではないでしょうか。これは国民に対するだまし討ちであり、民主主義を標榜する国家としてはあり得ない〝手口〟です。

■マイナンバーと国家資格・免許等との紐づけ

2021年5月にデジタル改革関連法として番号法が改正され、医師や看護師、介護福祉士、保育士、税理士など税・社会保障に関する32の国家資格・免許等をマイナンバーと紐付けることが可能となり、これらの国家資格・免許等に関わる事務等にマイナンバーを利用することができるようになりました。さらに、2023年6月の番号法改正により対象は大幅に追加され、これまでのものと合わせ約80種（労働安全衛生法による免許も細かく数えると約100種）の国家資格・免許等がマイナンバーと紐付けられることになりました。

◎2021年5月の番号法改正によるもの

医師、歯科医師、薬剤師、看護師、准看護師、保健師、助産師、理学療法士、作業療法士、視能訓練士、義肢装具士、言語聴覚士、臨床検査技師、臨床工学技士、診療放射線技師、歯科衛生士、歯科技工士、あん摩マッサージ指圧師、はり師、きゅう師、柔道整復師、救急救命士、介護福祉士、社会福祉士、精神保健福祉士、公認心理師、管理栄養士、栄養士、保育士、介護支援専門員、社会保険労務士、税理士

◎2023年6月の番号法改正により追加されたもの

国家戦略特別区域限定保育士、行政書士、司法試験、司法試験予備試験、教員、情報処理安全確保支援士、一級建築士、二級建築士、木造建築士、建築物調査員、建築設備等検査員、建築基準適合判定資格者、構造計算適合判定資格者、マンション管理士、自動車整備士、海技士、小型船舶操縦士、海事代理士、衛生管理者、救命艇手、全国通訳案内士、地域通訳案内士、精神保健

指定医、保険医、保険薬剤師、死体解剖資格、調理師、理容師、美容師、給水装置工事主任技術者、製菓衛生師、クリーニング師、専門調理師、受胎調節実地指導員、登録販売者、衛生検査技師、建築物環境衛生管理技術者、医師少数区域経験認定医師、難病指定医(協力難病指定医)、小児慢性特定疾病指定医、職業訓練指導員、技能士、キャリアコンサルタント、労働安全コンサルタント、労働衛生コンサルタント、作業環境測定士、特定社会保険労務士、労働安全衛生法による免許(第一種衛生管理者、第二種衛生管理者、衛生工学衛生管理者、高圧室内作業主任者、ガス溶接作業主任者、林業架線作業主任者、特級ボイラー技士、一級ボイラー技士、二級ボイラー技士、エックス線作業主任者、ガンマ線透過写真撮影作業主任者、特定第一種圧力容器取扱作業主任者、発破技士、揚貨装置運転士、特別ボイラー溶接士、普通ボイラー溶接士、ボイラー整備士、クレーン・デリック運転士、移動式クレーン運転士、潜水士)

こうした国家資格・免許等の情報とマイナンバーとを紐付けると何が可能となるのでしょうか。政府は、国家資格・免許等に関わる手続きの際に住民票や戸籍関係の書類の提出が不要になり、オンラインでも手続きできるようになるなどとしています。確かに便利でしょう。しかし考えなければならないのは、書類の提出が不要になったり、オンラインでできるようになったりするのは、行政機関の側で国家資格・免許等を持つ者に関する個人情報を、マイナンバーを使って取得し、名寄せできるようになるからです。すなわち、これらの国家資格・免許等を持つ者の就労状態や所得、世帯情報などの様々な個人情報をマイナンバーで名寄せすることで、プロファイリングや選別がシステム的には可能になるということです。コロナウイルスによるパンデミックのような事態が再び訪れたときに、未就労の医療関係者を探したり、有事という名の戦争を行う際に必要とする例えば、自動車整備やガス溶接、ボイラー、発破、クレーン、潜水などの技能を持つ者を動員したりするのに活用されることになるのではないでしょうか。もちろん、そのためには法改正などが必要です。しかし、現在の国会の状況を見れば、それは政府にとってそれほど高いハードルではないでしょう。

なお、これらの国家資格・免許等とマイナンバーカードとの関係については第9章で述べます。

39　情報提供ネットワークを使って、行政機関等の間で個人情報をやりとりする情報連携（名寄せ）を行う際には、実際には芋づる式の漏えいを防ぐとして、マイナンバーそのものではなく、マイナンバーと1対1の関係にある「機関別符号」が使われています。機関別符号は実質的にマイナンバーと同じですから、マイナンバー制度の仕組みの説明がより複雑になってしまうこともあり、本書ではマイナンバーとしています。

40　例えば、ＡＩに日本のこれまでの国会議員の名簿を事前学習させれば、ＡＩは「女性は国会議員には向いていない」との結論を出すことになるでしょう。なぜなら国会議員の名簿に載っている女性は圧倒的に少ないからです。もちろんこれは事前学習のデータ――日本社会の差別性を反映した現実――が偏っているからです。もし与えられたデータがＥＵ諸国のものであれば、ＡＩは全く違った結果を出すでしょう。

41　山本龍彦『おそろしいビッグデータ』朝日新書。

42　就職活動を行っていた大学生である本人の同意を得ずにプロファイリングを行い、内定辞退率を算定し企業に販売した「リクナビ事件」が２０１９年に起きています。詳しくは拙著『あれからどうなった？　マイナンバーとマイナンバーカード』をお読みください。

43　「骨太の方針」は、税財政や経済政策に関する基本運営方針の通称で、重要課題や翌年度の予算編成の方向性を示すものとして、小泉政権下であった２００１年以降（民主党政権下の２０１０から12年は中断）、毎年、6月前後に経済財政諮問会議からの答申を受け閣議決定されています。経済財政諮問会議は内閣府のもとに置かれた行政組織で、内閣総理大臣からの経済財政政策に関する重要事項についての諮問に応じ答申を示します。なお、同会議の議長は内閣総理大臣で、官房長官や財務大臣などの閣僚と有識者が構成員となっています。

44 総務省自治行政局住民制度課「マイナンバーカードを活用したオンライン取引等の可能性について　令和5年3月」。

45 「時事通信（JIJI.COM）」２０２３年7月8日付け配信記事。

46 デジタル庁「よくある質問：マイナンバー（個人番号）について」　https://www.digital.go.jp/policies/mynumber_faq_02

47 ２０２２年12月22日に経済財政諮問会議が決定した「マイナンバーの利活用拡大に向けたロードマップ」には、「固定資産へのマイナンバーの紐付け」を市町村の固定資産税のシステムなどを改善することで２０２６年に開始することが盛り込まれています。これは、固定資産に関わる情報を外部に提供するための処置です。

48 デジタル庁「政策データダッシュボード（ベータ版）」　https://www.digital.go.jp/resources/govdashboard/

第6章　なぜ起きたマイナンバーの誤登録

本章では、健康保険証との一体化以外でマイナンバー、マイナンバーカードに関わって生じているトラブルについて、個人情報保護委員会の資料なども参考に、その内容と原因について探ってみることにします。

■個人情報保護委員会は頼りになるのか

個人情報保護委員会は、番号法の成立に伴い2014年に政府の第三者機関として設置された特定個人情報保護委員会を、2016年1月のマイナンバー制度のスタートに合わせて改組し、誕生した組織です。マイナンバー制度に関する個人情報保護も守備範囲です。

2023年5月31日、個人情報保護委員会は、コンビニでの住民票等の誤交付、マイナンバーカードの健康保険証利用における紐付け誤り、公金受取口座の誤登録等のトラブルに対し、「マイナンバーカード等に係る各種事案に対する個人情報保護委員会の対応方針」を決めました。[49] 対応方針は、一連のトラブルについて「マイナンバー及びマイナンバーカードを活用したサービスを利用する国民が不安を抱くきっかけになり得るといった影響範囲の大きさに鑑み」、詳細な事実関係を把握し、確認された問題点に応じて、「指導等の権限行使の要否を検討すること」とし、情報収集や関係機関等への報告聴取などを行うとしています。なお、同委員会は7月19日にデジタル庁の対応について調べるためとして同庁への立入検査を実施しています。

しかしながら個人情報保護委員会は組織理念の1つに「我が国の重要な社会基盤（インフラ）である個人番号制度に基づき、特定個人情報（引用者注：マイナンバーをその内容に含む個人情報）が行政機関等や事業者において適正に取り扱われるよう、指導・助言、検査等を適時適切に行います。また、そこで明らかになった課題等を踏まえ、特定個人情報の適正な取扱いが浸透するよう、様々な手法を用いて支援を行います」としているように[50]、マイナンバー制度の推進による弊害を防ぐためにブレーキをかけるだけでなく、さらなる活用のためにアクセルを踏むことも同委員会の仕事なのです。

「対応方針」も「マイナンバー及びマイナンバーカードを活用したサービスを利用する国民が不安を抱くきっかけになり得る」から対応するとしており、あくまでもマイナンバー制度を推進するために国民の不安を解消するのが調査や立入検査の目的なのです。同委員会に、マイナンバー制度の問題点を暴露してくれるのではないか、これ以上の利用拡大に歯止めをかけてくれるのではないかといった期待をするのは、ないものねだりでしょう。

■公金受取口座は家族名義でも駄目

まず、公金受取口座をマイナンバーと紐付ける際に生じた登録間違いです。これには2種類あります。1つは家族の預貯金口座を登録してしまったもの、もう1つは全くの別人の預貯金口座が登録されてしまったものです。

前者は口座を登録する際に、家族の口座であれば問題ないと理解したために起きた単純なものです。個人情報保護委員会（2023年7月19日開催）の資料によるとデジタル庁は「本人名義以外（家族名義等と思料されるもの）の口座が登録されている事案を約14万件把握している」ようです。[51]口座の登録は、乳幼児でも可能ですが、乳幼児が自分の口座を持っていることは稀でしょうし、そうした口座に市役所等などの行政機関が振込を行うことなどまずあり得ませんから、親の口座を登録するものだと考える人が多数出てくるのは当然です。

政府は2020年に新型コロナウイルス感染対策として、住民票のある全ての者に対して1人10万円の特別定額給付金の給付を行いましたが、振込は一人ひとりにではありませんでした。子どもも含む世帯全員分の給付金を世帯主の口座に一括して振り込むことを、政府は当然視していました。世帯主に限定したことについて、「朝日新聞」（2020年6月14日付け）は「世帯主ではなく個人に給付して」と声が上がっているとして、「もう給付されているはずなのに1円ももらってない。世帯主はパソコン買おうかなとか言っている」「うちは、高齢の父親が世帯主。渡してもらえるかどうか、入金されたかどうかすら分からない」といったネット上での声を紹介しています。しかし、政府はこうした声には応えませんでした。

このような経緯があるのですから、乳幼児などの子どもの口座のケースだけでなく、高齢化している親の公金受取口座として子である自分の口座を、妻の公金受取口座として世帯主である夫の口座を登録している人もおそらくいるでしょう。世帯単位でないと駄目だとした過去などなかったかのように、今度は本人の口座ではないと駄目では、言うことがあまりにも矛盾しているのではないでしょうか。

デジタル庁が開設している「マイナポータル」サイトの「よくある質問」には、「登録者本人（こども）と異なる名義の口座（親名義の口座）を、公金受取口座として登録することはできません。公金受取口座として登録できる口座は、口座名義人が登録者本人と同一の口座です」と書かれてはいますが[52]、そうした案内が多くの人たちに届いていなかったことは間違いないでしょう。また、デジタル庁などが作成した2万円分のマイナポイントがもらえるとするチラシにも、本人名義の口座でないと駄目だとは書かれていませんでした[53]。一方、このチラシには「未成年者のマイナポイントについては、法定代理人名義のキャッシュレス決済サービスで申込むことができます」と書かれています。つまり、登録する口座は乳幼児などの子どもであっても本人でないと駄目だ、しかし、マイナポイントの利用は、法定代理人に含まれる親の名義の○○ペイでも問題なしということなのです。これでは混乱して当たり前です。

■別人の口座が登録されたのはなぜ？

後者の全くの別人の預貯金口座の登録については、個人情報保護委員会の同資料は「誤登録の可能性（漏えいのおそれ）を確認した本人数は748件と報告された（同年7月6日付けで受領した前記漏えい等報告の続報においては940件に変更して報告されている）」としています。同資料は、その原因について、自治体の支援窓口において「本人又は手続支援員による操作ミス（ログアウトの失念）に起因する公金受取口座の誤登録等により、別人のマイナンバーと本人の銀行口座情報を誤って紐付けた結果」であり、デジタル庁が、公金受取口座の登録等に関する事務において、自治体の支援窓口に置かれた「共用端末を利用するに際して、正確な操作手順の徹底のほか、操作手順に伴うリスクの軽減等について、リスク管理及びその対策ができていなかった」からだとしています。

おそらくこういうことでしょう。支援窓口にいる職員（非正規職員や派遣社員の場合も）は、来庁者自身に本人のマイナンバーカードを使ってマイナポータルにログインし、口座登録をさせようとする。しかし、説明してもできない人が多い。仕方がないので、職員が来庁者のマイナンバーカードを使って、来庁者のマイナポータルを開き、代わりに口座登録をする。登録が終わればマイナポータルからログアウトしなければならない。しかし、職員は次から次とやって来る人への対応に忙しく、ログアウトするのを忘れてしまい、そのまま次の人の口座の登録を始めてしまう。こうして誤登録が発生したのでしょう。

なお、はっきりさせておくべきことは、公金受取口座が紐付けられているのは、マイナンバーであって、マイナンバーカードへではないことです。マイナンバーカード（公的個人認証の電子証明書）は、マイナポータルへのアクセスの際の本人確認に使われているだけです。ですから、紐づけが間違っている場合も、正しい場合も、マイナンバーカードを返納しただけでは、この紐づけは解消されることはありません。解消するには、マイナポータルにアクセスし、紐付けられている口座情報を自分で削除しなければなりません。

■マイナポイントの他人への登録間違いはなぜ？

次に、マイナポイントを受け取るためのキャッシュレス決済サービスの登録間違いです。政府は、マイナンバーカードを取得し、マイナンバーカードを使って公金受取口座の登録と健康保険証の利用登録をすると、あわせて2万円分のマイナポイントがもらえるとのキャンペーンを展開してきました。もらったマイナポイントを商品やサービスの購入などに使うためには、〇〇ペイなどのキャッシュレス決済サービスをマイナポータルを使って登録する必要があります。起きたトラブルは、もらったマイナポイントを他人名義の決済サービスに登録してしまったというものです。総務省は、2023年6月20日に、全自治体への調査をもとに誤登録は131自治体で172件起きていると発表し、その内の136件はログアウト漏れだとしています。

前述の個人情報保護委員会の資料も、自治体の「支援窓口における本人又は手続支援員による操作ミス（ログアウトの失念）に起因するマイナポイントを受領する決済サービス情報（保有個人情報を含む。）の誤登録等により、マイナポイントの誤交付又はそのおそれが発生した」とし、その発生原因及び問題の所在は、別人の預貯金口座を登録したケースと共通であるとしています。

なお、こちらの誤登録については、デジタル庁はマイナンバー総合フリーダイヤルか、自治体に相談するようにとしています。マイナポータルを使って自分で修正することはできないようです。

マイナポイントという〝人参〟までぶら下げ、マイナンバーカードの普及を急ぎ過ぎたことが、こうした事態を招いているのは間違いないでしょう。担当した職員への指導や、配置した職員の人数や待遇が適切であったのかなど、市町村にも責任があることは言うまでもありません。しかし、マイナンバーカードの交付申請と受領、そして公金受取口座とマイナポイントの決済サービスの登録のために、市町村の窓口に連日、たくさんの人が押し寄せ混乱すること、そしてそれが操作ミスを誘発しかねないことは政府にも容易に想像できたはずです。必要な準備を怠ったまま、マイナンバーカードの普及だけを考え、全ての事務と責任を市町村に押しつけた政府の失態であること、そして政府の責任の方が遙かに大きいことは言うまでもありません。

■個人情報とマイナンバーの紐づけ間違い

公金受取口座やマイナポイントの誤登録は、マイナポータルを使って本人が登録するのを支援員が支援した際に、マイナポータルの操作を誤ったために起きたものです。しかし、静岡県、宮崎県、鳥取市で起きた障害者手帳などの情報が別人に漏えい、もしくは漏えいしそうになったトラブルは、これらのトラブルとは原因が全く異なります。マイナンバーカードの健康保険証利用に関わって発覚した他人の資格情報などが表示されるトラブルと同じく、専任の担当者である職員が、マイナンバーと個人情報を紐付ける際に間違って別人のマイナンバーと紐付けたことが原因です。

鳥取市では485件の紐づけ間違いが確認され、静岡県では紐づけ間違いは少なくとも62件（同姓同名の別の人の情報を登録していたケースが47件、名前も異なる別の人の情報が登録されたケースが15件）確認されています。静岡県は「ひも付けの作業は2017年度から障害福祉課の職員1人が主に担当していて、確認が不十分だった可能性がある」としています。[54] 宮崎県でも知的障害者の療育手帳に関する個人情報のマイナンバーへの紐づけ間違いが2336件（本人と別人の手帳の情報が重複2328件、別人の情報のみが紐づけ8件）発覚していますが、県は2022年10月に「担当職員1人が表計算ソフトを使って情報のひも付け作業をした際、1人分ずつずれた状態で登録したため、全て別人の情報となった。誤りに気づいた職員は3日後に正しい情報を登録したが、元のデータも残ったままで二重登録になった」としています。[55] どちらも、担当者が1人で作業をしていたようです。長年にわたって公務員の削減を続けてきたことがこうした間違いを招いたとも考えられます。

人間が手作業で紐づけを行ったことが間違いのもとであるという考えもあるでしょう。しかし、マイナンバーと個人情報の紐づけを全て自動化することは可能なのでしょうか。人々の暮しは様々であり、様々な事情を抱えています。個人情報もそれを反映し、また様々です。いかなるイレギュラーな個人情報にも対応できる「紐づけ自動化プログラム」を組むことなどは、おそらく不可能でしょう。何らかの形で人が関わらざるを得ず、間違いは避けては通れないでしょう。また、自動化するにしろ、そのためのプログラムを組むのは人間ですから、それ自体が間違っていることもあります。紐づけの間違いではありませんが、先に述べたオンライン資格確認をした際に、カードリーダーなどに医療費の窓口負担割合が間違って表示されるトラブルの原因の1つは、負担割合を求めるプログラムの間違いでしょう。

そもそもマイナンバー制度は、マイナンバーと個人情報の紐づけが正確にされていることが前提です。しかし、個人情報との紐づけ間違いが存在すれば、マイナンバーを使った名寄せは信用できないものとなり、それは制度の根幹を揺るがせ、その存在意義さえ崩しかねないのです。マイナンバーで名寄せされた個人情報がプロファイリングや選別に使われるようになれば、こうした間違いは極めて深刻な人権侵害をもたらすことになるかも知れません。マイナポータルの利用時に犯した単純な操作ミスによって引き起こされた公金受取口座やマイナポイント付与の間違いとは質的に異なる遙かに深刻な問題なのです。

改正された番号法に基づき、まもなく国家資格・免許等の情報へのマイナンバーの紐づけが始まります。紐づけの方法はまだ明らかにはされていませんが、おそらく本人からの申請と住基ネットの検索で行われるでしょうから、人が関わることになるのは確実です。間違いは必ず起きるでしょう。マイナンバーと紐づける個人情報をどんどん拡大していくのが政府の方針です。しかし、拡大すれば拡大するほど、間違いがより多発することになるのは火を見るよりも明らかです。

■マイナンバー情報総点検本部から点検を指示

次々と発覚するトラブルへの国民の批判の高まりを受けた政府は、「マイナンバー情報総点検本部」を2023年6月21日に設置しました。同本部は、総務省、厚生労働省、デジタル庁で構成され、本部長は河野デジタル大臣です。同日の第1回会合にて、岸田首相は河野大臣に対して、マイナポータルで閲覧可能となっている全てのデータについて、2023年の秋を目途に総点検を行うよう指示を出しました。

しかし、既に述べたようにマイナンバーと紐付けられている個人情報は、全てがマイナポータルで閲覧できるわけではありません。国税庁が所管する所得税等の国税に関する情報はマイナポータルでは閲覧できませんが、ここにも紐づけの間違いが潜んでいる可能性は充分あります。にもかかわらず点検の対象とはならないのです。総点検と言いながら、実際には〝総〟点検とはなりません。

マイナポータルで閲覧可能なものと限っても、医療・健康、税・所得・口座、年金、子ども・子育て、世帯、福祉・介護、雇用保険・労災と、その点検対象は多岐にわたり、項目だけでも40ほどもあります。これを全ての国民等について調べるとなると膨大な作業となります。また、これらの個人情報の多くは市町村が保有し、マイナンバーと紐付けていますから、市町村にかかる負担は並大抵のものではありません。第1回会合で配付された資料には、紐付け実施機関に対し「①全データ点検、②誤紐付けの修正、③情報漏洩の有無に関する調査など」を実施させ、秋までに公表させ点検を終えるとあります。

8月4日、岸田首相は記者会見を開き、マイナンバーの紐づけ誤りをめぐって「国民の皆様の不安を招いていることにおわびを申し上げます」とした上で、個別データの総点検、再発防止の徹底、デジタル化への理解促進と健康保険証利用への不安払拭の「信頼回復のための3つのポイント」を徹底することを表明するとともに、デジタル化の必要性について延々と持論を述べました。しかし、国民の多くが望んでいる2024年秋の健康保険証廃止の延期については、「総点検とその後の修正作業の状況を見極めた上で、更なる期間が必要と判断される場合には、資格確認書の円滑な交付、マイナ保険証の利便性向上、そして健康保険証の廃止の時期の見直しも含め、適切に対応する」と、廃止まで1年あまりにもかかわらず曖昧な発言に終始しました。

廃止をやめる場合だけでなく、延期をするだけでも健康保険法等の当該部分が施行される2024年秋までに、法の再改正が必要となります。法改正後1年あまりで、それも施行前に改正するとなれば、それは岸田政権の存続にとって致命的な打撃となります。岸田首相が曖昧にするのも当然と言えば当然なのです。

■公表された総点検の中間報告

マイナンバー情報総点検本部は、8月8日に開いた第2回会合で「マイナンバーの紐付け誤りに関する総点検の中間報告」を含む「マイナンバー制度及びマイナンバーカードに関する政策パッケージ」を取りまとめ公表しました。政策パッケージは、「原則として秋までに個別データの点検を終了させるべく、総点検作業を続けていく」、「今後、こうした紐付け誤りが再発しないよう、申請事務において申請者本人にマイナンバーを申請・確認していただくことを制度上も徹底する」、「国民に選ばれるマイナ保険証にしていくことに全力を尽くしていく。国民の皆様に与えてしまった不安を払拭し、安心を向上するために、きめ細かな対応をとっていく」としています。

一方、中間報告は健康保険証について「全3411保険者のうち、1313団体において、総計約1570万件の登録データを対象に総点検を実施し、約1515万件の確認作業を完了した（8月1日現在）。その結果、異なるマイナンバーが登録された事例を1069件確認（点検データの約0・007％。全てオンライン資格確認等システムの閲覧を停止済）」したなどとしています。異なるマイナンバーが登録された事例について、「点検データの約0・007％」とわざわざ率を記していることにはどういう意図があるのでしょう。率にすればたいしたことはない、騒ぐほどのことでもないという意味でしょうか。しかしながら、紐づけを間違われた人にとってはそれが全てであり100％なのです。岸田政権は「誰一人取り残さない、人に優しいデジタル化」を掲げているにもかかわらず、こうした『率』で話をしようとするのは「誰一人取り残さない」がやはり形だけということの現れでしょう。

また、中間報告は「不安のある国民」に対して「マイナンバーカードを用いて、御自身の情報が誤っていないかどうか、マイナポータルで確認ができることを紹介する」としています。しかし、先に述べたように間違いは全ての国民等に起きている可能性があります。全ての国民等がマイナンバーカードを持っているわけではありませんし、持つ義務もありません。にもかかわらず持たないとマイナポータルでの確認はできないのです。誤りを犯したのは政府であるにもかかわらず、不安ならマイナンバーカードを取得し、自分で確認しろとは、政府としての責任を放棄したまさに自己責任論です。

49　第２４４回個人情報保護委員会　https://www.ppc.go.jp/aboutus/minutes/2023/20230531/
50　個人情報保護委員会「個人情報保護委員会の組織理念」　https://www.ppc.go.jp/aboutus/commission/
51　個人情報保護委員会「第２４９回個人情報保護委員会」配付資料。
52　デジタル庁「よくある質問：公金受取口座の登録について」　https://www.digital.go.jp/policies/account_registration_faq_02
53　例えば、マイナンバーカード未取得者に対してＪ－ＬＩＳから郵送された交付申請書に同封されていたデジタル庁・総務省・厚生労働省名による2万円分のマイナポイントがもらえると書かれた「マイナポイント事業案内チラシ」　https://www.soumu.go.jp/main_content/000728567.pdf
54　「ＮＨＫ ＮＥＷＳ ＷＥＢ」２０２３年6月20日付け。
55　「読売新聞オンライン」２０２３年7月13日付け。

第7章　公的個人認証とマイナポータル

■公的個人認証の電子証明書とは何か

オンライン資格確認で使われる公的個人認証の電子証明書は、オンライン上で自分が誰であるかを証明する、すなわち本人確認を行う仕組みです。マイナンバー、マイナンバーカード、住基ネットなどと同じくＪ－ＬＩＳが管理・運用しています。マイナンバーカードの交付を市役所等の窓口で受ける際に、カードのＩＣチップに「署名用」と「利用者証明用」の２つの電子証明書が記録されます。公的個人認証のサービスが始まったのは、マイナンバー制度がスタートする10年以上前の２００４年１月です。当時、電子証明書（署名用のみ。利用者証明用は制度としてまだなかった）は住基カードのＩＣチップに記録されていました。

署名用電子証明書には、マイナンバーカード所有者の住民票記載通りの基本４情報（氏名、住所、生年月日、性別）と発行日、有効期限、シリアルナンバーが記載されています。オンラインによる確定申告や、行政機関等への電子申請等を行う際などに、送付した文書が、申請者が作成し送信したもので間違いないことなどを証明する際に使います。利用するには、マイナンバーカード取得時に設定した英数字６～16桁のパスワードの入力が必要です。

一方、利用者用電子証明書に記載されているのは発行日、有効期限、シリアルナンバーだけです。健康保険証として使う際や、住民票の写しや、印鑑登録証明書、課税証明書等の交付をコンビニエンスストアで受ける際（以下、「コンビニ交付」）、マイナポータルにログインする際などに、利用者本人であることを証明するのに使われます。利用するには、マイナンバーカード取得時に設定した数字4桁の暗証番号の入力が必要（オンライン資格確認では顔認証でも可能）です。

これらの電子証明書の発行には住基ネットのデータが使われており、電子証明書のシリアルナンバーとマイナンバーとは1対1の関係（一方がわかれば、もう一方がわかる）となっています。署名用は住民票記載の氏名や性別、住所などが変わると失効します。一方、利用者証明用はそのまま使えますが、本人が死亡した場合はどちらも失効してしまいます。

もともとマイナンバーカードは勤務先や行政機関等に自分のマイナンバーを告げる際に、それが正しい番号であることを証明するための書類です。ところが電子証明書の機能を言わば〝おまけ〟として付けたことで、マイナンバーカードは本来の役割を超え、コンビニ交付の本人確認などに利用されることになりました。電子証明書を交付するのは市町村ですから、市町村は住民一人ひとりのシリアルナンバーを記録しており、これを活用することが法的にもシステム的にも可能となっています。コンビニ交付では、シリアルナンバーが記された電子証明書は市町村のコンピュータから住民票や印鑑登録などの情報を引き出す『鍵』として使われます。マイナンバーカードを使って資格情報や医療情報などをオンライン資格確認等システムから引き出す際にも、マイナポータルで行政機関等が持つ個人情報を表示・確認する際にも、シリアルナンバーが記された電子証明書は『鍵』として機能しているのです。

ところで、2023年7月2日、河野デジタル大臣はNHKの報道番組で、「マイナンバーカードという名前をやめた方がいいのではないかと個人的に思っている」との発言を行いました。これに対し、マイナンバーカードをめぐって起きているトラブルをごまかすものだ、名称を変えても何も解決しないといった批判が殺到しました。しかし、政府は健康保険証としての利用などマイナンバーカードに収められた電子証明書を使った多目的利用を今後も拡大していく考えですから、マイナンバーカードは「自分のマイナンバーを証明する書類」としてではなく、電子証明書の容器としての性格がますます大きくなっていきます。河野大臣の発言は、単なる思いつきでも、ごまかしでもなく、こうしたマイナンバーカードの役割を変えていくという政府の方針に沿ったものだと見るべきでしょう。

■電子証明書やマイナンバーカードの申請・引き渡しも郵便局で可能に

電子証明書の有効期間は、年齢を問わず発行日から5回目の誕生日までです。健康保険証として使い続けるには、有効期限切れとならないように5年に1度は電子証明書の更新のために、そして10年に1度はマイナンバーカードの更新のために、市役所等の窓口へ出向かなければなりません。ただし、2022年5月の郵便局事務取扱法（地方公共団体の特定の事務の郵便局における取扱いに関する法律）の改正により、市町村が事務委託した郵便局の窓口でも、電子証明書の発行・更新、暗証番号の変更・初期化が可能となりました。[56] さらに同法が先の国会で再び改正されたことにより、今後、市町村が指定した郵便局においてマイナンバーカードの交付申請や引渡しなども可能となります。また2023重点計画は、利便性の向上として「電子証明書暗証番号の初期化及び再設定について、コンビニエンスストアの情報キオスク端末等による手続を可能とする」としています。

本来、市役所等において地方公務員が行うべきことを郵便局の職員にさせたり、コンビニの機械を使って本人に行わせたりすることは、セキュリティの確保や個人情報保護の面での危険性が増すことや、新たなトラブルを引き起こすことにつながるのではないでしょうか。窓口が増え便利になったなどと安易に喜べるものではないでしょう。

なお、電子証明書を更新すると、シリアルナンバーは新たな番号に変更されます。しかし、シリアルナンバーはＪ－ＬＩＳによって履歴管理されていますから、被保険者番号との紐付けが切れることはありません。例えば、被保険者番号９８…７６の太郎さんのシリアルナンバーが１２…３４から５６…７８に変わった場合、太郎さんの被保険者番号９８…７６は新たにシリアルナンバー５６…７８と自動的に紐付けられます。ですから、有効期限切れなどにより電子証明書を更新しても、あらためて健康保険証としての利用登録を行う必要はありません。

■電子証明書の民間利用の拡大

電子証明書が使われるのは公的分野だけではありません。電子証明証の根拠法である公的個人認証法（電子署名等に係る地方公共団体情報システム機構の認証業務に関する法律）に基づき主務大臣（内閣総理大臣及び総務大臣）が認定すれば、[57] 電子証明証の利用（有効性の確認）は民間事業者でも利用可能となっています。これまで政府は民間事業者に対し、電子証明書利用のメリットを強調し、その利用を促して来ました。すでに銀行や証券の口座開設、住宅ローン申し込み、携帯電話の契約などをオンラインで行う際の本人確認などでの利用が広がり始めています。

公的個人認証は住基ネットの情報（住民票の記載情報）に依拠していますから、例えば、金融機関等が、顧客申し込み等の際に、公的個人認証サービスを利用して本人確認を行う場合、本人から同意が得られれば顧客が転居等をした場合も新しい住所などを、住基ネットを運用するＪ－ＬＩＳから公的個人認証の仕組みを使って入手することができます。金融機関等にとっては、最新の住所等の情報をリアルタイムで得られるたいへん便利な仕組みです。

さらに、電子証明証はオンラインでの利用だけでなく、金融機関等の窓口での対面における本人確認での利用も考えられているようです。金融庁の「金融業界における書面・押印・対面手続の見直しに向けた検討会」の令和３事務年度第３回会合（２０２２年３月４日）でデジタル庁の担当者は「（金融機関等の）事業者へのヒアリングでは、運転免許証等の真贋確認は事務負担が大きいとの意見があったが、例えば窓口で公的個人認証サービスを用いた本人確認ができるようになれば真贋確認の事務負担は軽減されるのではないか」と発言しています。[58] オンライン資格確認で使われているカードリーダーと同様の機械が、金融機関等の窓口に置かれる日も近いかも知れません。

２０２３年５月からは、新たにスマホ用の公的個人認証の電子証明書の交付が始まりました。政府は、この電子証明書を使うことで、マイナポータルの利用やコンビニ交付、銀行口座の開設等の民間サービスなどでの本人確認がスマホできるようになるとしています。さらに２０２４年度を目途にスマホを健康保険証として使えるようにする計画も進められています。なお、電子証明書をスマホで利用するにはマイナポータルアプリをスマホにインストールする必要がありますが、対応しているのは今のところアンドロイドのスマホだけです。日本におけるスマホのシェアを二分するｉＰｈｏｎｅへの電子証明書の搭載が可能となる時期は未定です。

ところで、身分証として使えるものが、マイナンバーカードだけになるとの話がＳＮＳなどで流れているようですが、流石にこれは〝今〟のところ誤解です。２０２３重点計画には確かに「犯罪による収益の移転防止に関する法律、携帯音声通信事業者による契約者等の本人確認等及び携帯音声通信役務の不正な利用の防止に関する法律（携帯電話不正利用防止法）に基づく非対面の本人確認手法は、マイナンバーカードの公的個人認証に原則として一本化し、運転免許証等を送信する方法や、顔写真のない本人確認書類等は廃止する」と書かれています。しかし、これはオンラインでの取引等の際に、現在は運転免許証等を写真に撮り、その画像を送信することも本人確認として許容されていますが、これをマイナンバーカードの公的個人認証による本人確認に限定するという話です。

この文章に続いて「対面でも公的個人認証による本人確認を進めるなどし、本人確認書類のコピーは取らないこととする」とありますから、現時点では、身分証をマイナンバーカードだけにするとの方針を政府は掲げていません。ですから、顔写真の付いている運転免許証、運転経歴証明書、在留カード、特別永住者証明書なども身分証として使えます。もちろん〝今〟のところですが。

■マイナポータルは「情報提供等記録開示システム」

マイナポータルは、国民等の一人ひとりに対して政府が提供している行政サービスです。具体的には、行政機関等が保有する個人情報の確認、国の行政機関や自治体へのインターネットを使った電子申請、国の行政機関や自治体からの「お知らせ」の受取り、国の行政機関や自治体の間で個人情報がやりとりされた履歴の確認、国税庁や日本年金機構などとの情報のやりとりなどが、パソコンやスマホでできるようになっています。これまで述べてきた、公金受取口座の登録、マイナンバーカードの健康保険証としての利用登録、オンライン資格確認の際に医療機関等に提供される医療情報（特定健診、薬剤、診療情報）の確認もマイナポータルで行います。こうしたサービスが提供できるのは、行政機関等が保有する個人情報をマイナンバーと情報提供ネットワークシステムを使って名寄せすることが可能となっているからです。

マイナポータルを使うには、マイナンバーカードとマイナンバーカードのICチップに記録されている公的個人認証の電子証明書の読取りができるカードリーダーとパソコン、もしくは同じく読取りができるスマホが必要です。また、利用する際には、利用者用電子証明書の暗証番号の入力が必要です。

ところで、マイナポータル利用規約の23条（免責事項）に「デジタル庁は、本システムの利用及び利用できないことによりシステム利用者又は他の第三者が被った損害について一切の責任を負わないものとします」とあったことなどから、あまりにも無責任ではないかと、SNSなどでデジタル庁への批判が殺到しました。確かにこれも問題ですが、もっと注意を向けるべきなのはマイナポータルの法的根拠です。

2013年5月の番号法の制定時に付けられた同法の附則（6条3項）には「情報提供等記録開示

システムを設置するとともに、年齢、身体的な条件その他の情報提供等記録開示システムの利用を制約する要因にも配慮した上で、その活用を図るために必要な措置を講ずるもの」とするとあります。この情報提供等記録開示システムが、マイナポータルのことであり、この附則がマイナポータルの唯一の法的根拠なのです。同項以外の法規定は同条4項の「(情報提供等記録開示システムの)設置後、適時に、国民の利便性の向上を図る観点から、民間における活用を視野に入れて、……所要の措置を講じるものとする」だけです。マイナポータルの利用制限などについては本則も含め特段の規定はなく、番号法の他にマイナポータルについて規定する法は存在しません。

内閣官房社会保障改革担当室が2012年4月に発行したリーフレット「マイナンバー　社会保障・税番号制度」は、「番号制度がめざす社会」の一つとして「国民の権利を守り、国民が自己情報をコントロールできる社会」であるとした上で「自分のマイナンバーと関連して管理される個人情報について、誰がいつどのような情報提供をしたか、自分自身で確認できるようなしくみ(マイ・ポータル)を設けます」と説明していました(マイ・ポータルは、マイナポータルの旧称です)。

マイナポータルは、行政機関等が保有する「自己情報」は何かを国民等自ら確認できるとともに、「情報提供等記録表示(やりとり履歴)」機能によって、自己の情報をどの行政機関等が、いつ、いかなる目的で提供したのかを確認できることを通じて、内閣官房が言うところの「国民の権利を守り、国民が自己情報をコントロールできる社会」への入口となるはずの極めて重要なサービスです。にもかかわらず、マイナポータル自体の根拠が未だ10年前の番号法制定時の附則だけというのはあまりにもルーズであり、極めてお粗末なものと言わざるを得ません。これはマイナポータルの規約云々以前の、法治国家として極めて重大な問題です。

なお、マイナポータルの利用規約はその後、改定され、現在は26条（免責事項）で「マイナポータルの利用に当たり、利用者本人又は第三者が被った損害について、デジタル庁の故意又は重過失によるものである場合を除き、デジタル庁は責任を負わないものとします」と規定されています。[59]

■マイナポータルは安全なのか

医療に関わる情報など特に慎重な取り扱いを要するセンシティブ情報を含む様々な個人情報を見ることができるマイナポータルですが、プライバシー保護は充分なものだと言えるのでしょうか。マイナポータルを利用するには、マイナンバーカードの電子証明書を使って利用者登録をする必要があります。その際には電子証明書の暗証番号の入力が必要です。また、利用者登録後もマイナポータルを利用する度にマイナンバーカードと暗証番号が求められます。

これらのことからマイナンバーカードを本人が所持している限り、他人がマイナポータルを利用し、センシティブなものも含む個人情報が漏えいしたり、公金受取口座など登録されている情報が改変されたりする可能性は低いと言えるでしょう。しかし、マイナンバーカードが盗まれたり、脅し取られたり、紛失したものを取得されたりした場合は話が違ってきます。4桁の暗証番号が、マイナンバーカードの表面に記載された生年月日や住所などから類推されたり、暗証番号を忘れないように書いたメモと一緒に落としたりすれば、他人によってマイナポータルを利用される可能性は充分あります。決してゼロとは言えません。また、脅迫行為などにより、本人にマイナポータルへのアクセスを強要し、それを他人が利用することも起こりうるでしょう。さらに、もっと単純に、他人が横からパソコンやスマホの画面を覗き見ることもあり得るでしょう。

これまでこうした事件がなかったのは、マイナンバーカードを持ち歩く人がほとんどいなかったことに加え、マイナポータルの利用が極めて少ない上、個人情報が一覧表示できるといった機能どころか、その存在自体もほとんど知られていなかったからでしょう。しかし、マイナンバーカードにまつわる様々な不具合が大きく報じられたこともあり、マイナポータルをめぐる状況は大きく変わってきています。

マイナンバーカードを紛失したり、盗難にあったりした場合、本人が24時間365日対応のフリーダイヤルへ電話をすることで、公的個人認証の電子証明書などの情報が記録されたＩＣチップの一時利用停止ができ、マイナポータルの不正利用などの第三者による不正行為を防ぐことができます。しかし、紛失や盗難にすぐに気づかなかった場合や、紛失や盗難によって生じる危険性を知らなかった場合は、何らかの損害を被るまで放置される可能性は充分あります。また、言うまでもないことですが、ＩＣチップを無効化することができても、マイナンバーカード自体が「自動的に消滅する」ことはありませんから、フリーダイヤルに電話をかけたからもう安心とはなりません。

もちろん、ここで指摘したような危険性をマイナポータルのようなサービスにおいて完全に払拭するのは困難であることは理解できます。しかし、問題なのは、こうした危険性について、マイナポータルのウェブサイトには、Ｑ＆Ａも含め何も書かれていないことです。なぜ書かないのか、注意喚起しないのか不思議でなりません。安全であるとしなければ利用が進まないと考えているのでしょうか。もしそうであるなら、あまりにも無責任だと言わざるを得ません。

■マイナポータルとＡＰＩ

現在、デジタル庁は、国民等が行政機関等や民間企業のサービスを受けるために、本人同意のもと当該行政機関等や民間企業に、氏名や住所だけでなくマイナポータルで表示・確認できる、所得や年金、福祉、介護などに関わる個人情報をも提供することを可能とするための「自己情報取得ＡＰＩ」や、医療保険情報（薬剤情報、特定健診情報、医療費通知情報など）を提供することを可能とするための「医療保険情報取得ＡＰＩ」などを民間のシステム開発事業者などに向けて公開しています。[60] ＡＰＩはアプリケーション・プログラミング・インターフェイスの略で、異なるソフトウェアやプログラムを連携させる仕組みのことです。自己情報取得ＡＰＩなどを使ったシステムの開発によって、デジタル庁は「例えば、銀行等の民間事業者がローン等の審査の際に必要な所得情報をオンラインで即時に取得することで、ローンの審査をスムーズに進めることが可能」となるとしています。

こうしたマイナポータルの仕組みを活用するＡＰＩの利用は、文部科学省（高等学校等就学支援金申請）や神奈川県（健康情報管理）などの行政機関等だけでなく、民間企業でも既に始まっています。例えば、自己情報取得ＡＰＩはスマホで利用する障害者手帳アプリの事業者への障害手帳記載の手帳番号や障害等級などの情報の提供に、また、医療保険情報取得ＡＰＩは保険会社による生活習慣病の予防をサポートするサービスや、飲み忘れの防止など薬の管理ができるスマホアプリなどに活用されています。マイナンバーカードを健康保険証として利用登録することができるセブン銀行のＡＴＭにも「健康保険証利用登録ＡＰＩ」が使われています。こうした個人情報の提供は基本的に「本人同意」の上でとなっていますが、利用している人たちのうち、その仕組みや、どのような個人情報が提供されているのかを理解している人はどれだけいるのでしょう。

２０２３重点計画は「マイナポータルの機能をウェブサービス提供者が利用できるようにするための電子申請等ＡＰＩや自己情報取得ＡＰＩといった各種ＡＰＩについて、ＡＰＩ利用事業者などの声を聞きながら利便性の向上を検討し、官民の様々なサービスにおける利用を推進する」としています。今後、ＡＰＩを使った民間サービスは、医療保険や生命保険、融資、介護、就活、婚活など様々に広がっていくことになるでしょう。また、そのための法的な措置も含めた環境整備を政府は積極的に進めていくでしょう。もちろん私たちには「同意しない」の選択肢も残されます。しかし、「同意」を選ばないと、そのサービスを受けることができないか、もしくは提供されるサービスの水準が下がることになるのは間違いありません。

以上のようにマイナポータルは民間企業のサービスを受けるために自らの意思で自分に関する様々な個人情報を提供する窓口としての役割をも持っているのです。これを民間企業の側から見れば、顧客にマイナポータルを使わせることで、より迅速かつ正確に顧客の個人情報を入手し活用できることになります。

■民間企業への個人情報提供窓口としてのマイナポータル

2023重点計画の「重点計画の基本的考え方」の「デジタルにより目指す社会の姿」の項の一番目にあげられている「デジタル化による成長戦略」には、「イノベーションとテクノロジーの社会実装の推進、デジタル化により蓄積されたデータを官民でフル活用した新しい付加価値・サービスの創出、さらには、スタートアップ等により開発・提供される新しい技術・サービスを積極的に活用することにより、社会全体の生産性を向上させていくことが必要」であり、「特に、諸外国と比べて、我が国が圧倒的に優位に立つ高齢者や災害に係るデータの収集・蓄積をフルに活用しつつ、社会的課題の解決を図ることが成長戦略の重要分野（勝ち筋）となる」と書かれています。この成長戦略として「デジタル化により蓄積されたデータを官民でフル活用」するために必要不可欠なのが、個人情報を民間企業等に提供するための窓口としてのマイナポータルなのです。

マイナポータルが運用開始（2017年11月）された直後の2018年2月、経団連は「国民本位のマイナンバー制度への変革を求める」と題した提言を行っています。そこには「マイナポータルのAPIが民間に提供され、外部の情報システムから行政機関が保有する利用者の特定個人情報を入手・活用できれば、行政手続や民間取引における納税証明書や所得証明（課税証明書）の添付を省略できるほか、政府が目指す『コネクテッド・ワンストップサービス』（引越し、介護、死亡・相続）の実現に資する」と書かれていました。経済界は、行政機関が保有する国民の特定個人情報（マイナンバーをその内容に含む個人情報）を、マイナポータルを経由して民間企業が入手し活用することを、極めて早い時期から考え、それを政府に要求していたのです。

ただし、多くの国民がマイナンバーカードを持たず、マイナポータルを使わなければ、国民の個人情報を経済界のもうけにつなげることも、成長戦略として活用する話も夢物語で終わります。必要なのはマイナンバーカードの取得をさせ、マイナポータルで健康保険証としての利用登録を行わせることで、マイナポータルの認知度を上げ、使って当たり前の状況を作り出すことです。政府がマイナンバーカードの健康保険証利用の押しつけに大きな力を注ぐ理由の1つが、ここにあると見て間違いないでしょう。

56 総務省郵政行政部「郵便局を通じたマイナンバーカードの普及・活用に関する取組状況（令和5年4月12日）」によると2023年3月末時点で7自治体が12郵便局に委託しています。

57 総務省によれば2023年7月19日現在、民間事業者461社（大臣認定事業者17社、同事業者を利用している事業者444社）が公的個人認証を利用した本人確認サービスなどを提供しています。

58 令和3事務年度第3回「金融業界における書面・押印・対面手続の見直しに向けた検討会」議事概要　https://www.fsa.go.jp/singi/shomen_oin/gijigaiyou/20220304.html

59 デジタル庁「マイナポータル利用規約」　https://img.myna.go.jp/html/riyoukiyaku_ja.html

60 デジタル庁「マイナポータルＡＰＩ仕様公開」https://myna.go.jp/html/api/index.html

第8章　オンライン資格確認と医療DX

■マイナンバーと「医療等分野の識別子」

マイナンバー制度の目的の1つは、総務省の資料（80頁の図5）に明記されているように「年金・福祉・医療等の社会保障給付について、真に支援を必要としている者に対し迅速かつ適切に提供」することです。ですから社会保障給付と密接に結びつく、カルテやレセプト、投薬、健診・検診結果など医療分野の情報とマイナンバーとの関係がどうなるのかが、最も気になる点の1つではないでしょうか。ただし、結論を先に言うと、医療関係者からの強い反対もあり、マイナンバーを医療分野の個人情報――他人に知られたくない個人情報の筆頭でしょう――に〝直接〟紐付ける計画は存在しません。では、医療分野の個人情報が、政府が進めるデジタル化政策において活用されないかというとそんなことはありません。

医療等分野の個人情報を名寄せするためのＩＤにマイナンバーは使えない、使うのは良くないとの考えから、厚生労働省はかつてマイナンバーとは別に「医療等分野の識別子（ＩＤ）」を新たに創設することを検討していました。

厚生労働省の「医療等分野における番号制度の活用等に関する研究会」が２０１５年12月に示した報告書には、医療等分野の個人情報の連携は「『見える番号』ではなく、電磁的な符号を識別子に用いて、人の手を介さずにシステム間で連携することが安全で効率的であるので、医療等分野の識別子（ＩＤ）については、セキュリティの観点から、書面への書き取りや人を介在した漏えいを防止するため、電磁的な符号（見えない番号）を用いる仕組みが適当である。また、『見える番号』の場合は、システム以外の方法での突合を誘引するおそれがあるので、安全で効率的な情報連携のインフラを志向する観点からも、電磁的な識別子（見えない番号）とすべきである」として、「見える番号」を明確に否定しました。これは医療等分野における識別子はセンシティブな医療情報が対象となることから、漏えいリスク等を特に考慮する必要があると考えたからです。

■「医療等分野の識別子」となった被保険者番号

ところが、3年後、政府は「未来投資戦略２０１８」（２０１８年6月21日、閣議決定）において、医療等分野の識別子について「個人単位化される被保険者番号も含めた基盤を活用する方向で検討し、本年夏、早急に結論を得て、医療等分野におけるデータ利活用を推進する」としました。健康保険証に記載された被保険者番号である「見える番号」を使う方向へと１８０度の転換をしたのです。

未来投資戦略２０１８が閣議決定された2カ月後に厚生労働省の「医療等分野情報連携基盤検討会」が示した報告書「医療等分野における識別子の仕組みについて」（以下、「識別子の仕組みについて」）には、新たな識別子を発行するには「システムの構築が必要となるほか、医療機関側において、当該識別子を管理するためのシステム改修が必要となる。これに対し、被保険者番号履歴を活用する仕組みの場合には、既存のシステムやインフラの活用が可能であり、二重投資を回避し、医療機関等におけるシステム改修等を極力抑えて、効率的に医療情報等の共有・収集・連結を行うことが可能となる」と書かれています。

ここまでの議論の流れをまとめると、医療関係者等の強い反対などもありマイナンバーを医療情報に結びつけるのは危ないと判断。そこで、医療等分野の識別子は電磁的な符号（見えない番号）とすべきとなった。しかし、新たに「見えない番号」を作るとするとシステム構築等にコストがかかる。もともとレセプトなどの医療情報とつながっている被保険者番号なら安上がりで良いぞと。個人情報保護よりもコストが優先されたのです。

しかし、疑問が湧いてくるかも知れません。転職や退職したり、市町村が異なる住所へ引っ越ししたりすると被保険者番号は変わるから、被保険者番号は医療等分野の識別子に使えないのではないかと。そこは政府も考えています。「識別子の仕組みについて」には「被保険者番号履歴を活用する仕組み」と書かれています。被保険者番号ではなく被保険者番号の『履歴』です。

この被保険者番号を履歴管理して医療等分野の識別子として使う考えは、オンライン資格確認等システムで具体化されました。同システムは、加入する健保組合が就職・転職、転居等で変わり、それにより被保険者番号が変更されても、何番から何番に変わったのかを記録する機能を持っています（**図6**）。例えば、太郎さん（電子証明書のシリアルナンバー10…01）の被保険者番号が転職により、B健保組合の34…46からC健保組合の25…92に変わった場合、太郎さんのシリアルナンバー10…01と被保険者番号25…92が新たに紐付けられます。その際には、いつ、何番から何番へ変わったのかも履歴として記録されます。被保険者番号を履歴管理し、医療等分野の

図6

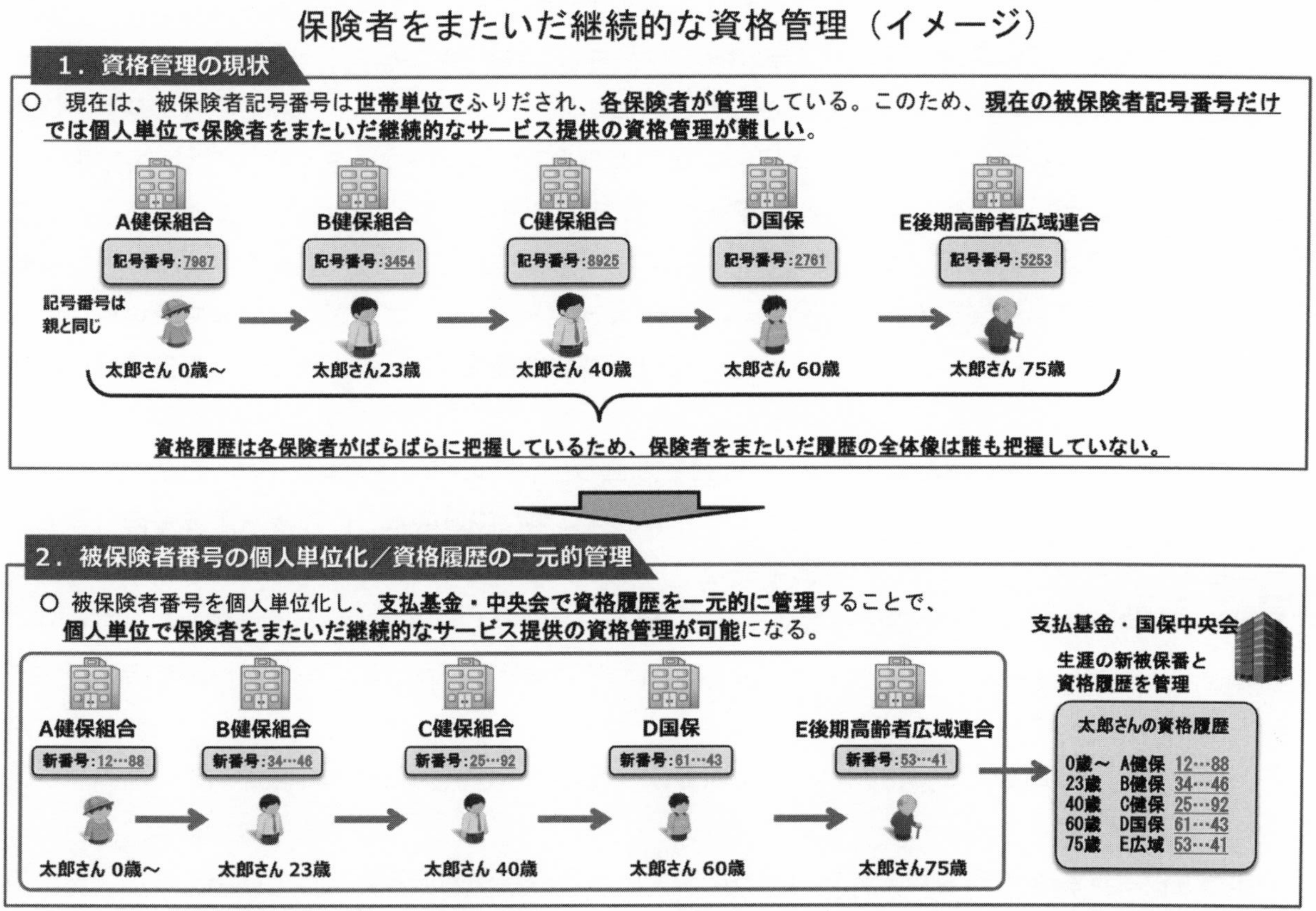
保険者をまたいだ継続的な資格管理（イメージ）
1．資格管理の現状
○ 現在は、被保険者記号番号は世帯単位でふりだされ、各保険者が管理している。このため、現在の被保険者記号番号だけでは個人単位で保険者をまたいだ継続的なサービス提供の資格管理が難しい。
A健保組合
記号番号：7987
B健保組合
記号番号：3454
C健保組合
記号番号：8925
D国保
記号番号：2781
E後期高齢者広域連合
記号番号：5253
記号番号は親と同じ
太郎さん 0歳～
太郎さん23歳
太郎さん 40歳
太郎さん 60歳
太郎さん 75歳
資格履歴は各保険者がばらばらに把握しているため、保険者をまたいだ履歴の全体像は誰も把握していない。
2．被保険者番号の個人単位化／資格履歴の一元的管理
○ 被保険者番号を個人単位化し、支払基金・中央会で資格履歴を一元的に管理することで、個人単位で保険者をまたいだ継続的なサービス提供の資格管理が可能になる。
支払基金・国保中央会
生涯の新被保番と資格履歴を管理
A健保組合
新番号：12…88
B健保組合
新番号：34…46
C健保組合
新番号：25…92
D国保
新番号：61…43
E後期高齢者広域連合
新番号：53…41
太郎さん 0歳～
太郎さん 23歳
太郎さん 40歳
太郎さん 60歳
太郎さん75歳
太郎さんの資格履歴
0歳～ A健保 12…88
23歳 B健保 34…46
40歳 C健保 25…92
60歳 D国保 61…43
75歳 E広域 53…41

出典：第108回社会保障審議会医療保険部会配付資料「オンライン資格確認等について」厚生労働省保険局、2017年11月8日

識別子として使うことで、国民皆保険制度のもと、全ての国民等の医療情報を生涯にわたって記録することが可能となるのです。

ところで、被保険者番号が記載されている健康保険証は、これまで様々な場面で身分証代わりに使われ、表面のコピーも躊躇なく行われてきました。被保険者番号をマイナンバーのように特別扱いする必要があるとは誰も思っていなかったからでしょう。そんな被保険者番号を医療情報を利用するための識別子として使おうというのですから、マイナンバーを使うよりもむしろ危ないかも知れません。その点を政府も多少は自覚していたのか、健康保険法などを改正し、2020年10月1日以降、健康保険事業などの事務の遂行等以外の目的で被保険者番号の告知を求めることを禁止しました。しかし、禁止されたことをどれほどの国民が知っているのかは疑問です。[61]

■全国医療情報プラットフォームと医療DX推進本部

2022年10月12日、医療DX（デジタルトランスフォーメーション）推進本部の第1回会合が開催されました。[62] 本部長は岸田内閣総理大臣、本部長代理に官房長官、厚生労働大臣、デジタル大臣、そして本部員として総務と経済産業の各大臣という陣容です。同本部は、2022年6月7日に閣議決定された「骨太の方針2022（経済財政運営と改革の基本方針2022 新しい資本主義へ～課題解決を成長のエンジンに変え、持続可能な経済を実現～）」で示された「全国医療情報プラットフォームの創設」、「電子カルテ情報の標準化」などの取組を行政と医療・医学・産業の各業界が一丸となって進めるとともに、医療情報の利活用について法制上の措置等を講ずるために、同年

10月11日の閣議決定に基づき設置された組織です。

この全国医療情報プラットフォームとは何でしょうか。骨太の方針2022は「オンライン資格確認等システムのネットワークを拡充し、レセプト・特定健診等情報に加え、予防接種、電子処方箋情報、自治体検診情報、電子カルテ等の医療（介護を含む）全般にわたる情報について共有・交換できる全国的なプラットフォーム」だとしています。もちろん、ここでいうオンライン資格確認等システムは、マイナンバーカードの健康保険証利用を実現するために構築されたシステムのことです。

第1回会合に厚生労働大臣が提出した資料（**図7**）を見てみましょう。「誕生から現在までの生涯にわたる保健医療データが自分自身で一元的に把握可能となることにより、個人の健康増進に寄与→　自分で記憶していない検査結果情報、アレルギー情報等が可視化され、将来も安全・安心な受療が可能」、「本人同意の下で、全国の医療機関等が必要な診療情報を共有することにより、切れ目なく質の高い医療の受療が可能（オンライン資格確認等システムの拡充、電子カルテ情報の標準化等、レセプト情報の活用）　→　災害や次の感染症危機を含め、全国いつどの医療機関等にかかっても、必要な医療情報が共有」と書かれています。

そして、**図6**の下部には、医療機関等の文字の下に「電子カルテ（傷病名、アレルギー情報、感染症情報、薬剤禁忌情報、処方情報、検査情報（救急、生活習慣病））、レセプト、電子処方箋、特定健診」とあります。これは医療機関等の間でこれらの医療情報をやりとりしたり、本人に開示したりするのに、オンライン資格確認等システムを使うという意味です。これが骨太の方針2022でうたわれた全国医療情報プラットフォームなのです。

図7

医療DXにより実現される社会　資料4（厚生労働大臣提出資料）

- ➢ **誕生から現在までの生涯にわたる保健医療データが自分自身で一元的に把握可能となることにより、個人の健康増進に寄与**
  - → 自分で記憶していない検査結果情報、アレルギー情報等が可視化され、将来も安全・安心な受療が可能【PHRのさらなる推進】
- ➢ **本人同意の下で、全国の医療機関等が必要な診療情報を共有することにより、切れ目なく質の高い医療の受療が可能**【オンライン資格確認等システムの拡充、電子カルテ情報の標準化等、レセプト情報の活用】
  - → 災害や次の感染症危機を含め、全国いつどの医療機関等にかかっても、必要な医療情報が共有
- ➢ **デジタル化による医療現場における業務の効率化、人材の有効活用**【診療報酬改定に関するDXの取組の推進等】
  - → 次の感染症危機において、必要な情報を迅速かつ確実に取得できるとともに、医療現場における情報入力等の負担を軽減し、診療報酬改定に関する作業の効率化により、医療従事者のみならず、医療情報システムに関与する人材の有効活用、費用の低減を実現することで、医療保険制度全体の運営コストを削減できる
- ➢ **保健医療データの二次利用による創薬、治験等の医薬産業やヘルスケア産業の振興**【医療情報の利活用の環境整備】
  - → 産業振興により、結果として国民の健康寿命の延伸に資する

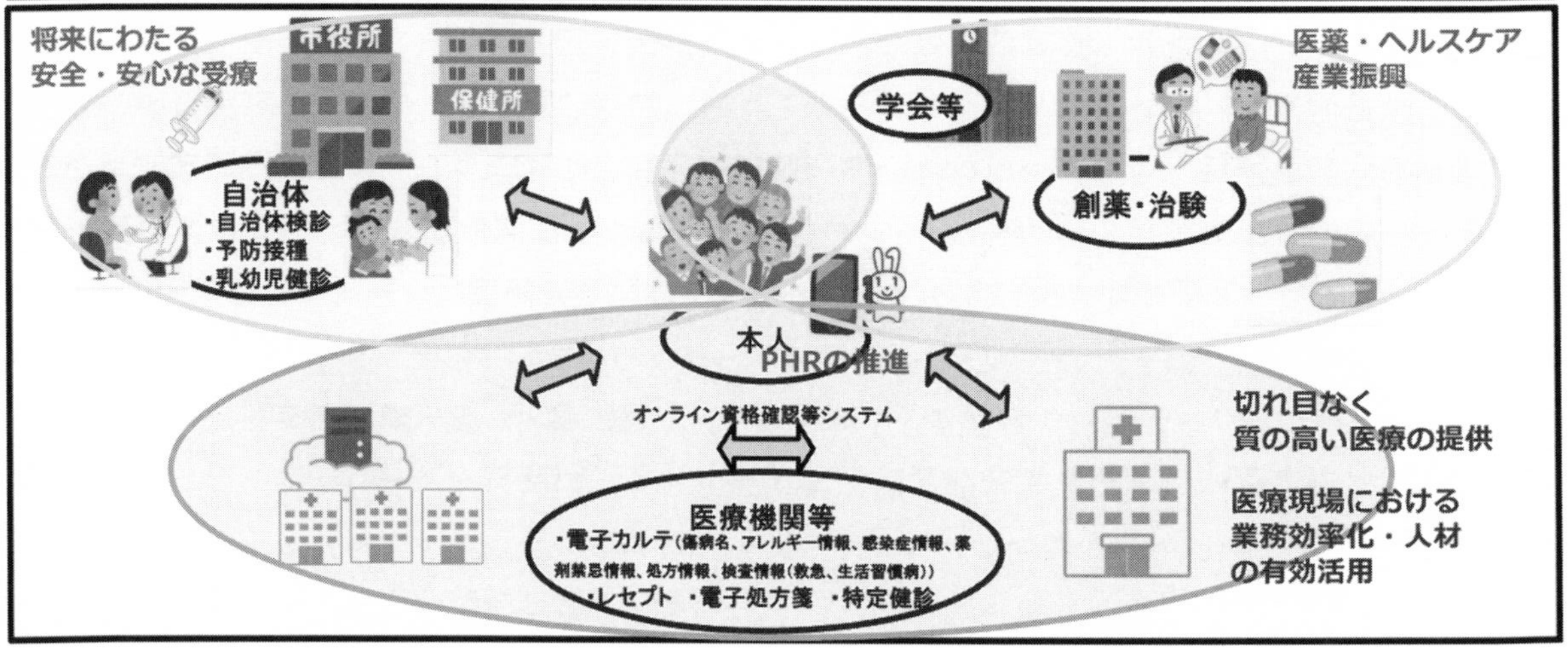

出典:医療DX推進本部（第1回）配付資料「医療DXにより実現される社会」厚生労働省、2022年10月

■オンライン資格確認等システムと「紐付番号」

医療ＤＸによって、政府が示す通りのより良い医療が私たちに提供されるのなら、それは歓迎すべきことですが、ここではそれが事実なのかどうかはとりあえず横に置いておきます。注意していただきたいのは、なぜオンライン資格確認等システムがここに登場するのかです。

厚生労働省などがウェブサイトで公開しているオンライン資格確認等システムに関する資料のいくつかには、「紐付番号」や「紐づけ用の識別子」という名の被保険者番号を履歴管理するための識別子が存在します。例えば、**図8**の厚生労働省保険局医療介護連携政策課・保険システム高度化推進室「オンライン資格確認等について　平成30年1月30日」です。そこには「被保険者の資格履歴を個人単位で一元的に管理」するために、被保険者番号を履歴管理する識別子として、「紐づけ用の識別子」との文字が見えます。図では資格情報とありますが、実際には資格情報だけでなく特定健診や薬剤、診療情報も履歴管理された被保険者番号とともに記録されています。同図を含む他のいくつかの資料をもとに**図1**（25頁）の支払基金・国保中央会のオンライン資格確認等システムの部分を、筆者がわかりやすく描き直したものが**図9**です。

被保険者番号を「紐付番号」を使って履歴管理することで、被保険者番号が変わっても継続的に保険資格等を管理することができ、生涯にわたる医療情報を見ることも可能となります。また、電子証明書のシリアルナンバーと紐付番号を紐付けることで、シリアルナンバーを鍵にして資格情報や医療情報を引き出すことも可能となります。なお、紐付番号とつながる電子証明書のシリアルナンバーが、更新などにより変わっても、公的個人認証のシステムを運用しているＪ－ＬＩＳからシリア

図8

被保険者番号の資格履歴の一元的管理のイメージ

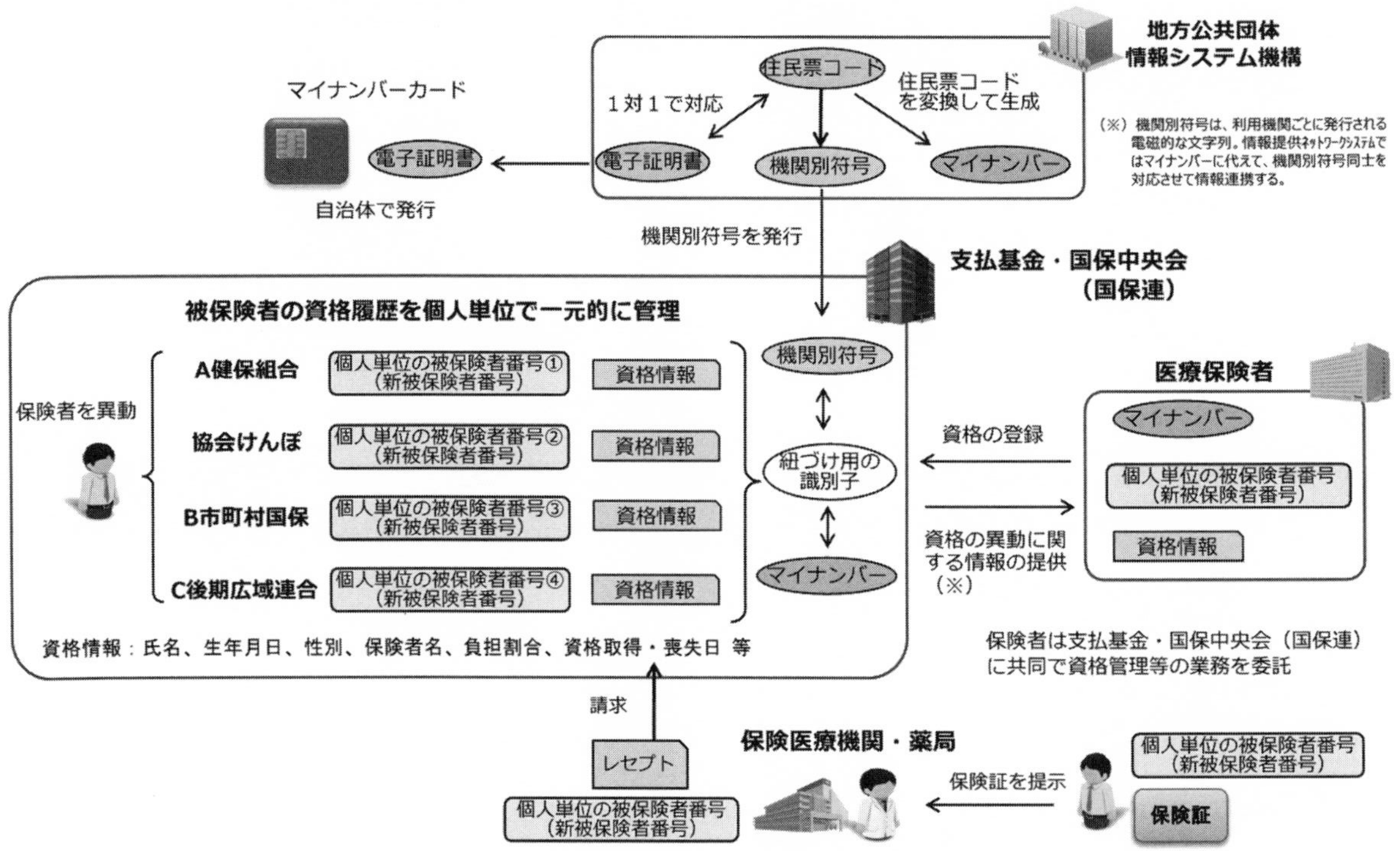

（※）例えば、国保から被用者保険に異動した際、支払基金・国保中央会から国保保険者にその旨を情報提供することで、これまで異動を把握できなかったために生じていた不要な国保保険料の徴収等の事務を減らすことができる等の事務コスト軽減の効果が考えられる。

出典:厚生労働省保険局医療介護連携政策課・保険システム高度化推進室「オンライン資格確認等について　平成30年1月30日」

図9　紐付番号と被保険者番号の履歴管理

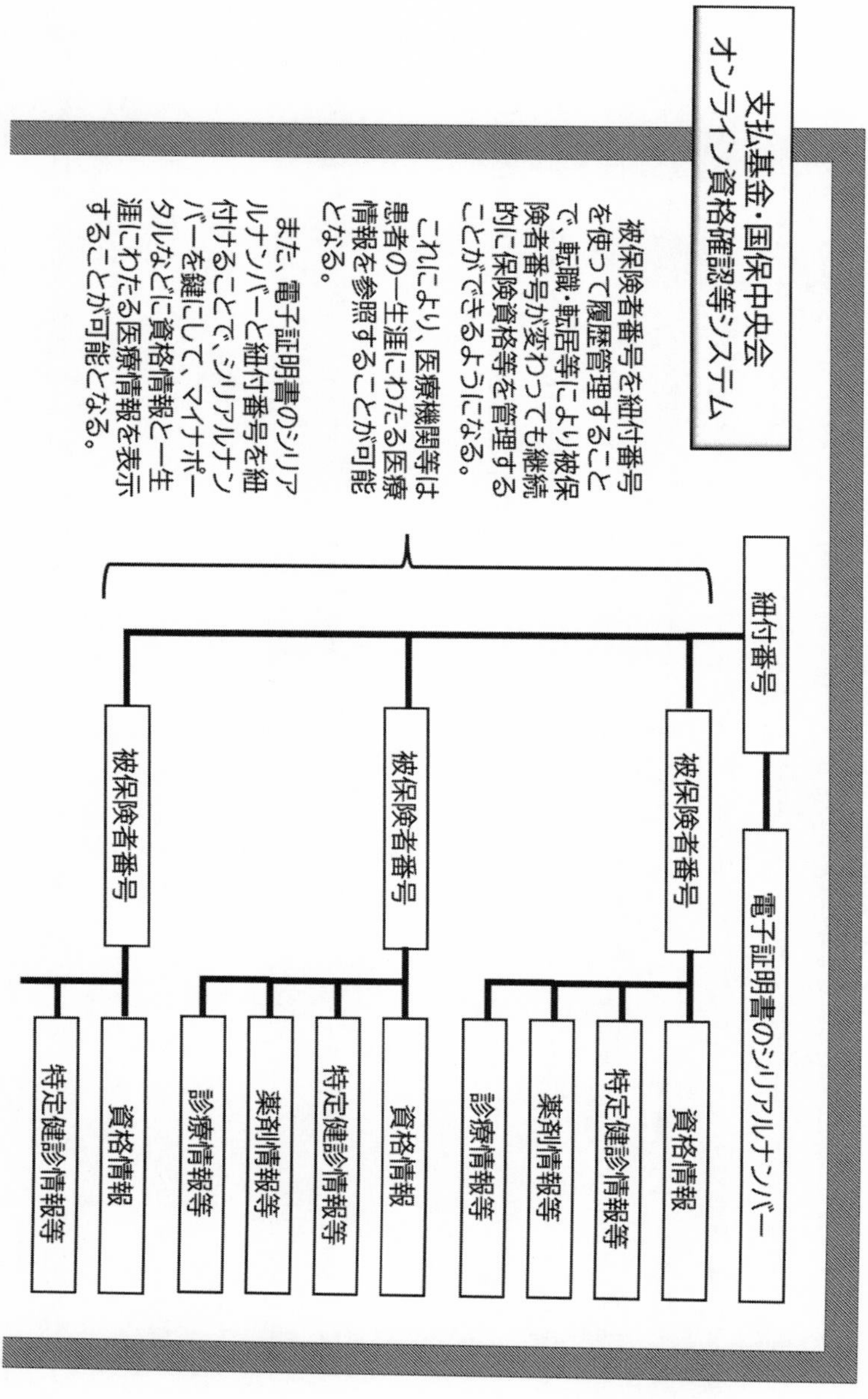
支払基金・国保中央会
オンライン資格確認等システム
被保険者番号を紐付番号を使って履歴管理することで、転職・転居等により被保険者番号が変わっても継続的に保険資格等を管理することができるようになる。
これにより、医療機関等は患者の一生涯にわたる医療情報を参照することが可能となる。
また、電子証明書のシリアルナンバーと紐付番号を紐付けることで、シリアルナンバーを鍵にして、マイナポータルなどに資格情報と一生涯にわたる医療情報を表示することが可能となる。
紐付番号
電子証明書のシリアルナンバー
被保険者番号
被保険者番号
被保険者番号
資格情報
特定健診情報等
薬剤情報等
診療情報等
資格情報
特定健診情報等
薬剤情報等
診療情報等
資格情報
特定健診情報等

（黒田充作成）

ルナンバー変更の情報を受け取ることで、こちらも履歴管理できるようになっています――もし、この機能がなければ電子証明書を更新する度にマイナンバーカードの健康保険証としての利用登録をしなければならなくなります。

この紐付番号が、マイナンバーとは別の番号であることや、マイナンバーカードの健康保険証としての利用登録の有無とは関係なく、全ての国民等に既に付番されているのはほぼ間違いないでしょう。しかし、具体的にこの番号がどのようなものであるのか――例えば「見える番号」なのか「見えない番号」なのか――はどこにも書かれておらずわかりません。また、法的な根拠もあるようには思えません。

■医療DXとオンライン資格確認等システム

骨太の方針2022が、オンライン資格確認等システムのネットワークを拡充することで「レセプト・特定健診等情報に加え、予防接種、電子処方箋情報、自治体検診情報、電子カルテ等の医療(介護を含む)全般にわたる情報について共有・交換できる全国的なプラットフォーム」が実現できるとし、医療DX推進本部の第1回会合に厚生労働大臣が提出した資料がオンライン資格確認等システムにより「誕生から現在までの生涯にわたる保健医療データが自分自身で一元的に把握可能となる」としているのは、オンライン資格確認等システムが被保険者番号と電子証明書のシリアルナンバーを履歴管理する機能を備えているからです。

ところで、レセプトについては診療報酬等審査支払業務等を行うため、健保組合や、協会けんぽ、市町村国保などの保険者から、支払基金や国保中央会に被保険者番号と結びつけた形で提供されていますから、オンライン資格確認等システムに記録することが可能となっています。一方、カルテはどうでしょう。カルテは被保険者番号とそれぞれの医療機関内で結びついており、電子化もある程度は進んではいます。しかし、オンライン資格確認等システムに電子カルテを載せる前提となる電子カルテのネットワーク化、すなわち医療機関等の壁を越えての共有化は実現していません。これを実現するためにまず必要なのは、電子カルテ情報の標準化です。データの形式がバラバラでは集約も活用もできないからです。骨太の方針2022が電子カルテ情報の標準化を進めるとしているのはそのためなのです。

なお、2023重点計画は、「医療機関等での電子カルテ情報の共有について、2024年度（令和6年度）中に先行的な医療機関から順次運用を開始するとともに、標準規格に準拠したクラウドベースの電子カルテ（標準型電子カルテ）について、2024年度（令和6年度）中に開発に着手する」とし、2023年（令和5年）1月に運用を開始した電子処方箋についても「オンライン資格確認を導入したおおむね全ての医療機関・薬局に対し、2025年（令和7年）3月までに普及させる」としています。全国医療情報プラットフォームの創設に向けた準備は着々と進んでいるのです。

■医療DXの推進に関する工程表

医療DX推進本部は2023年6月2日の第2回会合で「医療DXの推進に関する工程表」を取りまとめました。工程表は「誕生から現在までの生涯にわたる保健・医療・介護の情報をPHR

(Personal Health Record) として自分自身で一元的に把握可能」とするしています。この自分自身で一元的に把握するために使われるのがマイナポータルであり、生涯にわたる医療情報をPHRとして集約し、マイナポータルに提供するのが、オンライン資格確認等システムのネットワークを拡充して作られる全国医療情報プラットフォームなのです。

工程表は「(政府だけでなく)、医療機関・薬局・介護事業所等、そこで働く医療・介護関係者、そして何よりも国民一人一人が自立的・自発的に(工程表で示された)取組を進めていくことが不可欠」だとしています。しかし、国民のほとんどは、医療DX推進本部での議論どころか、その存在すら知りません。にもかかわらず工程表を政府が決めたから、国民はこれに従って「更なる健康増進」に「自立的・自発的」に取り組めと言っているのです。

いつから日本は国民個々の身体にまで干渉する監視国家、独裁国家になったのでしょうか。不健康でいることを自ら選択することも、自分の身体を自分のものとしてコントロールしうる自律する人間としての権利です。禁酒を医師から勧められたとしても、酒を断つかどうかを決めることができるのは、本人だけです。[63]

先に紹介したように、山本龍彦教授は、「政府が個人の行動記録を網羅的に把握して、その者の健康上のリスクを細かく予測し、そのリスクを減らすような方向に仕向ける(管理する)ということも考えられよう」と指摘していましたが、全国医療情報プラットフォームは正にその方向で実現されようとしています。[64] 政府が仕向けた指示に従わず、不健康となり、保険医療の提供が必要となっても、自己責任だ、自業自得だと切り捨てる、正に「真」に支援が「必要な者」と「必要でない者」を選別するプロファイリングがいよいよ現実化しようとしているのです。

工程表は「2023年4月に、保険医療機関・薬局にオンライン資格確認等システムの導入を原則義務化するとともに、マイナンバーカードと健康保険証の一体化を加速し、2024年秋に健康保険証を廃止する。こうした取組を通じて、医療等の情報を共有する全国的な基盤を構築する」としています。このように健康保険証の廃止は、医療DXを進めるために必要不可欠だと、岸田首相を本部長とする医療DX推進本部は工程表によって自ら明らかにしているのです。全ての国民にマイナンバーカードを持たせたいだけが目的ではありません。

工程表が示す全国医療情報プラットフォームの構築に関わる取組を整理すると次の様になります。

◎医療機関や薬局との間で電子カルテ情報等を共有・交換する仕組みとして「電子カルテ情報共有サービス（仮称）」をオンライン資格確認等システムのネットワークを活用し構築し、電子カルテの標準化を実現した医療機関等から2024年度中に順次運用を開始する。

◎介護現場で発生する情報を介護事業所・医療機関等で共有できるシステムを2024年度から開発し、2026年度に全国実施を図る。これにより介護事業所が必要な医療等の情報を把握することができるようになるとともに、入院時などに介護事業所などからの正確な情報を医療機関が把握することができるようになる。

◎母子保健に関する乳幼児健診や妊婦健診情報等の共有についても、2023年度中に、希望する自治体において事業を開始し、順次、参加する自治体や医療機関を拡大し、全国展開をしていく。

◎がん検診、骨粗鬆症検診、歯周疾患検診、肝炎ウイルス検診といった自治体検診情報の共有については、2024から25年度にかけて、標準規格化を行い、連携を開始する。

◎乳幼児健診や学校健診、それに続くライフステージでの健康診断等のデータを、本人がマイナポータルを使ってPHRとして時系列で見られる仕組みを整備する。さらに、民間PHR事業者などと連携することで、ライフステージに応じて発生する女性特有の症状に応じた体調管理や、生活習慣病になる前に行動変容を促し、疾病予防につなげるといった健康管理サービスを利用することができるような仕組み作りを進める。

■医療DXの推進と健康保険証の廃止

「医療DXの推進に関する工程表」を決定した直後の6月16日に、政府は「骨太の方針2023（経済財政運営と改革の基本方針2023　加速する新しい資本主義～未来への投資の拡大と構造的賃上げの実現～）」を閣議決定しました。

そこには「医療DX推進本部において策定した工程表に基づき、医療DXの推進に向けた取組について必要な支援を行いつつ政府を挙げて確実に実現」するとして、「マイナンバーカードによるオンライン資格確認の用途拡大や正確なデータ登録の取組を進め、2024年秋に健康保険証を廃止する。レセプト・特定健診情報等に加え、介護保険、母子保健、予防接種、電子処方箋、電子カルテ等の医療介護全般にわたる情報を共有・交換できる『全国医療情報プラットフォーム』の創設及び電子カルテ情報の標準化等を進めるとともに、PHRとして本人が検査結果等を確認し、自らの健康づくりに活用できる仕組みを整備する」などの文言が盛り込まれています。

また同日、「新しい資本主義のグランドデザイン及び実行計画2023改訂版」も閣議決定されましたが、そこにも「医療・介護に係る情報を共有・交換できる全国医療情報プラットフォームの創設、診療報酬改定DX、電子カルテ情報の標準化等の取組を行政と関係業界が一丸となって進める」と書かれています。

骨太の方針2023の「PHRとして本人が検査結果等を確認し、自らの健康づくりに活用できる仕組み」とは、マイナポータルのことです。マイナポータルを利用するには、マイナンバーカードが必要不可欠であるとともに、マイナポータルにPHRを表示させるには、被保険者番号とマイナンバーカードに記録されている電子証明書のシリアルナンバーを紐付ける必要があります。だからこそ、政府は世論に抗してまで健康保険証の廃止を強引に進めようとしているのです。

全国医療情報プラットフォームには「医療介護全般にわたる情報」が記録されますが、これから先の情報です。20年も30年も前の医療や介護に関わる個人情報が、ここに記録されることは、まずあり得ません。なぜならカルテや投薬、健診などの情報がデジタル化された上、どこかに保存されている可能性は極めて低いからです。保存されていなければ、全国医療情報プラットフォームに記録することはできません。医療介護全般にわたる情報は、これから先の何年も、何十年もかけて全国医療情報プラットフォームに蓄積されていくのです。ですから全国医療情報プラットフォームの存在とその活用は、これから先長く生きることになる若い人たちや、これから生まれてくる人たちに、より深刻な問題、人生の行き先を左右しかねない人権に関わる問題をもたらす可能性があるのです。

■「医療介護全般にわたる情報」とプロファイリング

骨太の方針2023がいうところの、全ての国民等を網羅した「医療介護全般にわたる情報」が、マイナンバーを使ったプロファイリングとどう関わっていくのかは今のところ不明です。しかし、マイナンバー制度が「年金・福祉・医療等の社会保障給付について、真に支援を必要としている者に対し迅速かつ適切に提供」する仕組みである以上、全国医療情報プラットフォームに集約された「医療介護全般にわたる情報」が、医療給付を含む社会保障分野におけるプロファイリングと選別に活用される可能性は大きいと見て間違いないでしょう。

「医療介護全般にわたる情報」に、マイナンバーを使って行政機関等から名寄せられた様々な個人情報を加え、AIを使って分析すれば、どのような生活をしてきた人はどのような病気にかかるのか、その病気に対しどのような医療が提供されているのか、それは効果(本人にとって、もしくは効率性や経済性から見て)があったのか、また、どのような生活をしてきた人はどのような介護が必要になるのか、病歴と介護にはどのような関係があるのか等々の『パターン』が見つかるでしょう。

しかし、それだけでは政府や産業界にとっては『研究成果』にすぎません。必要とされるのは、判明したパターンの生活をしてきた、もしくは現にしているのは誰なのかを特定し、その人物に対する具体的な働きかけ――医療や介護のサービスを提供するのか、排除するのか、制限するのか、はたまた特定の商品やサービスを売りつけるのかなど――です。これこそがプロファイリングの〝醍醐味〟なのです。理屈の上では、国民の健康を真に願って、プロファイリングを行い、適切な医療や介護などを提供することもあり得ます。しかし、現在の政権と、そのバックにいる経済界がそうしたことを考えているとは到底思えません。その目的は、あくまでも社会保障費の削減であり、個人情報を自らの『もうけのタネ』にすることです。であるからこそ、骨太の方針２０２２は「全国医療情報プラットフォームの創設」などの取組を行政と医療・医学・産業の各業界が一丸となって進めるとしているのです。

政府は２０１９年6月18日に「成長戦略実行計画」を閣議決定しています。そこには医薬品産業の成長戦略の１つとして「データヘルス改革を推進し、個人の健康医療情報の利活用に向けた環境整備等を進める」、「レセプト情報・特定健診等情報データベース（ＮＤＢ）の充実や研究利用の際の利便性の向上を図る」とあります。また、医療ＤＸ推進本部の第１回会合に厚生労働大臣が提出した資料（１２６頁の**図7**）にも「保健医療データの二次利用による創薬、治験等の医薬産業やヘルスケア産業の振興」と書かれており、同本部が取りまとめた「医療ＤＸの推進に関する工程表」にも「全国医療情報プラットフォームにおいて共有される医療情報の二次利用については、そのデータ提供の方針、信頼性の確保のあり方、連結の方法、審査の体制、法制上ありうる課題その他医療情報の二次活用にあたり必要となる論点について整理し、幅広く検討するため、２０２３年度中に検討体制を構築する」とあります。要するに全国医療情報プラットフォームに集積した「医療介護全般にわたる情報」を経済成長を図るために、二次利用として民間企業に提供していこうというのです。多くの国民は、マイナンバーカードを健康保険証としての利用させる仕組みが、そんなところまでつながっているとは知らないでしょう。もし知れば、私が病気を抱えていることが、他人に知られてしまうのではないかといった不安が広がるでしょう。

もっとも政府は二次利用に当たって情報をそのまま提供するのではなく、その情報が誰に関してものなのかわからないように匿名化するとしています。それなら安心だとなるかと言えば、そんなに簡単なものではありません。匿名化がどこまで徹底されるのかだけでなく、一旦匿名化された情報が他の情報と組み合わされることで誰のものであるのかが特定（顕名化）されることはないのかといった疑問が残ります。特に何百万人に1人といった珍しい病気の場合は、たとえ情報が匿名化されていたとしても、それが誰であるのかを特定するのは容易でしょうし、急速に開発と利用が進むAIを使えば、珍しい病気でなくても特定は比較的簡単にできるようになるかも知れません。特定すれば、他の情報と合わせたプロファイリングもできるようになりますから、その結果、政府や企業から本人が望まない不当な干渉や選別を受けたり、様々な人権侵害を被ったりする可能性は充分あるでしょう。

■健康保険証の廃止を求める経済界の思惑

2022年年末、ある生命保険会社がマイナンバー制度を利用した新しいサービスをいくつか発表しました。その中の1つは公的個人認証を利用したサービスで、契約者の住所変更等の把握により手続きを省略するもの、年金受取人の生存を判断し自動支払いするもの、死亡時の請求手続きの迅速化を図るものなどです。もう1つはマイナポータルのPHRから得た個人情報を活用したもので、医療費や電子カルテなどの情報をもとにした保険金の自動支払いや、健康診断結果をもとにした引受け査定（契約をするか否かや、保険料をいくらにするか等）などです。公的個人認証を利用したサービスは2023年度中に実施するとありますが、PHRを活用したサービスはまだ検討中のようです。これらのサービスを実現するためには、マイナポータルに関わるAPIが使われるでしょう。政府が民間企業にAPIを利用することを積極的に呼びかけていることからも、一企業が勝手に進めているものではないことは明らかです。マイナポータルを活用した同様のサービスが生命保険業界全体にやがて広がっていくことになるでしょう。

骨太の方針について議論する経済財政諮問会議の議員でもあるサントリーの新浪剛史・サントリーホールディングス株式会社代表取締役社長が、経済同友会の代表幹事として臨んだ2023年6月28日の記者会見で、「（現行の）健康保険証廃止が2024年の秋と聞いているが、これに間に合うように仕上げることだ。私達民間からすれば納期は非常に重要であり、（期日を）守ってやり遂げることは日本の重要な文化である。健康保険証の廃止については必ず実現するよう、これを納期として向けてしっかりとやっていただきたい」と発言し[65]「あたかも財界が政府に保険証廃止を発注し、その納期を守れと言っているようにみえる」として波紋を呼びました。[66]一見奇異に見える発言ですが、財界が健康保険証の廃止を政府に要求してきたことは事実です。

今から5年以上も前の2018年2月、経団連は「国民本位のマイナンバー制度への変革を求める」と題した提言において「運転免許証や健康保険証、年金手帳等に加えて、母子健康手帳や図書館カード等を個人番号カードに一元化すべき」と政府に求めています。経済界からのこうした求めはその後も続き、経済財政諮問会議の2021年4月13日の会合では、当時経団連会長であった中西宏明・日立製作所会長や新浪氏ら有識者議員らは「各企業の健保組合において、単独の健康保険証交付をとりやめ、（マイナンバーカードとの）完全な一体化を実現すべき」との提案を行っています。

新浪氏が代表幹事を務める経済同友会も2022年4月に「データの利活用による経済成長と豊かな社会の実現に向けて～政府は重点計画に将来ビジョンと工程表を定め　マイナンバーを基盤としたデータ連携を急げ～」と題した提言を行い、「健康保険証とマイナンバーカードを統合することにより、全ての国民が常時マイナンバー及びマイナンバーカードを携行する体制を作る」ことを政府に求めています。健康保険証の廃止を盛り込んだ骨太の方針2022が経済財政諮問会議で決定され、閣議決定されたのは、その直後の6月です。

新浪氏が社長を務めるサントリーホールディングスの傘下には、健康食品通販の最大手のサントリーウエルネスがあります。国民等の医療や健康に関する個人情報をマイナポータルを通じて入手できるようになれば、顧客への商品やサービスの提供をより効率的に行うことが可能になると、優秀な経営者である新浪氏が考えるのは当然でしょう。

繰り返しになりますが、政府と経済界の思惑通りに、全国医療情報プラットフォームに集約した一生涯にわたる医療・介護の情報を本人同意のもと民間企業に提供する仕組みを動かすには、マイナンバーカードを持たせ、健康保険証として利用登録させることで被保険者番号を電子証明書のシリアルナンバーと紐付けさせる、そしてマイナポータルを利用させることが必要不可欠なのです。

■全国医療情報プラットフォームの情報はどこへ

これまで述べてきたオンライン資格確認等システムと全国医療情報プラットフォーム、そして医療・健康・介護情報の活用との関係を模式化してみました（**図10**）。

健康保険の資格や特定健診、診療、薬剤等の情報を記録しているオンライン資格確認等システムに、

①医療機関や自治体などから電子カルテ・処方箋や、予防接種、母子保健等の保健医療情報を追加する。

②これらの情報を新たに作られる全国医療情報プラットフォームに提供する。

③全国医療情報プラットフォームに介護事業所などが持つ介護情報等を連携する。

以上により、全国医療情報プラットフォームには全ての国民等の生涯にわたる医療・健康・介護の情報が蓄積されます。蓄積されたこれらの情報は、

④本人が医療機関や介護事業者で医療や介護などのサービスを受ける際に提供される。

⑤政府が管理するガバメントクラウドにおかれた自治体情報システムにも本人が保健や福祉などの行政サービスを受けるために送られる。[67]

⑥情報を匿名化した上で、医療・薬剤・介護・ヘルスケア企業等に産業振興のために「もうけのタネ」として提供する。

⑦情報は本人自らが確認できるようにマイナポータルに送られる。

⑧生命保険や金融、医療、介護、健康などに関わるサービスを受けるために、情報はこれらのサービスを提供する民間事業者へ本人同意のもとマイナポータルから送られる。

⑨自治体情報システムに提供された情報は、社会保障給付における選別などを行うために、マイナ

図10

オンライン資格確認等システム、全国医療情報プラットフォームと医療・健康・介護情報の活用

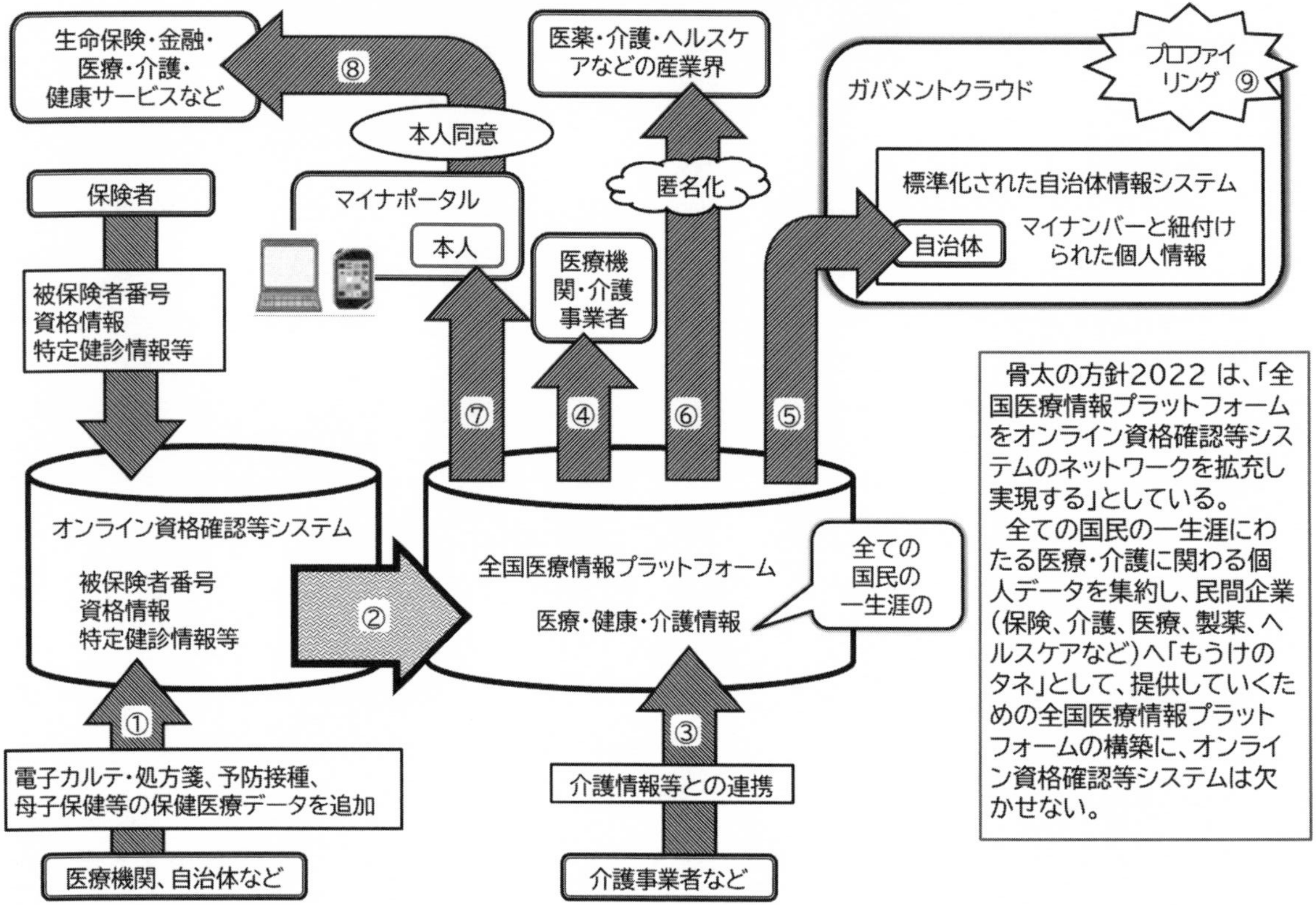

（黒田充作成）

ンバーと紐付けられた資産や所得など様々な個人情報とともにプロファイリングに使われる。

この図からも明らかなように、オンライン資格確認等システムは国民等の医療・健康・介護情報の活用を図るための全国医療情報プラットフォームの構築に欠かせないものなのです。だからこそ、岸田政権は国民の反対や心配をよそに、健康保険証の廃止や、マイナンバーカードによるオンライン資格確認を遮二無二進めようとしているのです。すなわち、医療介護分野のデジタル化の根本に関わる話なのであり、日本の医療を、介護を、社会保障をどうしていくのかという〝壮大〟なスケールの話なのです。

61　総務省は、被保険者番号の告知要求制限を受けて、スマホ販売事業者に対して、顧客から身分証として健康保険証が示された場合は、被保険者番号を書き写すことがないよう、またコピーをとる際にも被保険者番号を隠すように指導しています。

62　DXはDigital Transformation（デジタルトランスフォーメーション）の略記で、スウェーデンのウメオ大学のE・ストルターマン教授らが2004年に発表した論文がもとになっており、DXはデジタル技術が人間の生活のあらゆる側面に引き起こす、あるいは影響を与える変化とだとされています。しかし、日本ではその意味の議論がなされないまま、かつての「IT革命」と同様に単なる流行語となっているようです。

63　不健康になれば、社会に医療費などの負担をかけることになるので、健康でいることは国民の義務だとする考えもあるでしょう。しかし、そうした考えと、障害者・障害児の存在自体が社会にとって財政的・経済的な面において大きな負担となっているとして、ナチス・ドイツが「T4作戦」として行った「安楽死」という名の薬物、ガス、飢えなどによる数十万人の障害者・障害児の殺害とはそれほど大きな差はないでしょう。

64　山本龍彦、前掲書。

65　経済同友会「新浪剛史経済同友会代表幹事の記者会見発言要旨（2023年6月28日）」　https://www.doyukai.or.jp/

chairmansmsg/pressconf/2023/230628.html

66 「東京新聞　ＴＯＫＹＯ Ｗｅｂ」２０２３年8月15日付けは、「（新浪氏は）政府が健康保険証の廃止を目指す２０２４年秋を『納期、納期であります』と位置付け、……『納期に向けてしっかりやっていただきたい』と、納期という言葉を連呼した」としています。　https://www.tokyo-np.co.jp/article/270061

67 ２０２３重点計画には「地方公共団体の基幹業務システムについて、２０２５年度（令和7年度）までにガバメントクラウドを活用した標準準拠システムへ円滑かつ安全に移行できる環境を整備することを目標とし、２０２２年度（令和４年度）に引き続き、地方公共団体によるガバメントクラウド先行事業における検証を実施するとともに、標準準拠システムへの移行が円滑かつ安全に進められるよう必要な支援を積極的に実施する」、「具体的には、地方公共団体又は民間事業者が基幹業務等のアプリケーションをガバメントクラウド上に構築し、地方公共団体がそれらの中から最適なアプリケーションを利用することが可能となるような環境の整備を図る」などと書かれています。なお、自治体情報システムの標準化がもたらす問題については、本田滝夫・久保貴裕『自治体ＤＸでどうなる地方自治の「近未来」』自治体研究社をご参照ください。

第9章　マイナンバー制度のさらなる利用拡大と人権侵害

■番号法等の改正による利用拡大

マイナンバーとマイナンバーカード利用拡大を図るため、番号法等が２０２３年6月に改正されました。

これまで、マイナンバーの利用範囲は社会保障・税・災害対策の3分野に限定されてきましたが、改正により同法の基本理念に「その他の行政分野における利用の促進を図る」（3条2項）の文言が付け加えられ、他の分野での利用もできるようになりました。これにより、教員や建築士、自動車整備士、理容師、美容師など3分野以外の国家資格・免許等に関わる事務などにマイナンバーを利用することが可能となったのです。

改正後も、マイナンバーが利用できる事務の範囲は、今まで通り番号法の別表等で細かく規定されてはいます。しかし、同法でマイナンバーの利用が認められている事務に準ずる事務については、別表等に記載されていなくても省令で規定することで利用が可能となりました。さらに、マイナンバーを使った情報連携（名寄せ）が可能な事務は、これまで別表2に列記されているものに限定されていましたが、この表は法改正により削除され、番号法でマイナンバーの利用が認められている事務については省令に規定するだけで、情報連携が可能となりました。

マイナンバーの利用範囲は3分野に限定し、法で明確に規定すると、政府が番号法制定時に国民に対して行った約束は、今回の法改正により反故にされてしまいました。国会での審議の必要がないまま、時の政府の判断で、利用範囲が歯止めなく広がっていく危険性が、いよいよ現実的なものとなったのです。

■戸籍・住民票に「氏名のフリカナ」を記載するのは何のため

これまで、国外に転出すると住民票が消除されることから、マイナンバーカードは失効し、返納する必要がありました（ただし、国外転出による返納の旨をカードに記載した上で希望する者に返すことは可能）。しかし、2019年5月に成立したデジタル手続法により、2024年からは海外においてもマイナンバーカード（公的個人認証の電子証明書を含む）が継続利用できるようになりました。そしてさらに今回の法改正によって、マイナンバーカードの交付対象が住民票のある者だけでなく、戸籍の附票に記載されている者（＝日本国籍を有する者）にも拡大され、外国に居住し、住民票が既に消除されている日本国民も、外国にある日本大使館などで、マイナンバーカードの新規交付や更新、電子証明書に関する手続きを受けることが2024年中には可能となります。

また、戸籍・住民票の記載事項に「氏名のフリカナ」を追加することも改正法に盛り込まれました。これによりマイナンバーカードにもフリカナを表記することが可能となります。フリカナを付ければ、行政機関等が保有する個人情報を収めたデータベースでの氏名による検索がかけやすくなり、同一人物であるとの特定もしやすくなるとしています。しかし、それだけが理由ではありません。

2020年12月に閣議決定された「デジタル・ガバメント実行計画」は、「2024年からのマイナンバーカードの海外利用開始に合わせ、公証された氏名の読み仮名（カナ氏名）に基づき、マイナンバーカードに氏名をローマ字表記できるよう、迅速に戸籍における読み仮名（カナ氏名）の法制化を図る。これにより、官民ともに、氏名について、読み仮名（カナ氏名）を活用することで、システム処理の正確性・迅速性・効率性を向上させることができる」と書かれていました。また、2022年6月に閣議決定された2022年版の「デジタル社会の実現に向けた重点計画」にも、マイナンバーカードの海外利用に向け、「マイナンバーカードに氏名をローマ字表記できるよう、平仮名又は片仮名による個人氏名の表記を戸籍の記載事項とする規定を整備することを含め、迅速に戸籍法制の見直しを行う必要がある」とありました。

1872年の近代戸籍制度開始以来、フリカナが戸籍の記載事項ではなかった〝伝統〟や、氏名をどう読むのかを自分で選ぶ権利を、マイナンバーカードを外国でも使わせるためという〝些細な理由〟で葬り去るとは本末転倒も甚だしいのではないでしょうか。[68]

因みに、かつて番号法の制定に向けて行われた議論では、国民にマイナンバーを付番することで、例えば齋藤の「齋」が「斉」や「斎」とデータベースによって異なっていても、例えば高田の読みが「タカタ」であっても「タカダ」であっても、同一人物であるとの確認ができるようになると言われていました。しかし、番号法制定後、10年たった今、政府は「システム処理の正確性・迅速性・効率性を向上させる」ためには、フリカナが必要だ、すなわちマイナンバーだけでは不十分だ、検索や特定には氏名のフリカナも必要だと言い出したのです。3分野以外への利用拡大だけでなく、マイナンバー制度の根幹を揺るがすマイナンバーの個人情報への紐づけ間違いの発覚といい、マイナンバーだけでは不十分でありフリカナでの検索も必要といい、話は法制定時と大きく異なってきているのです。そろそろ立ち止まってマイナンバー制度そのものの存在の可否について、本格的な議論を始めるべき時期なのではないでしょうか。

■さらなる利用拡大を図る重点計画

マイナンバーとマイナンバーカードのさらなる利用拡大は今回の番号法の改正では収まりません。法改正直後の2023年6月9日に閣議決定された2023重点計画は、マイナンバーの利用範囲が番号法の改正により、3分野以外に拡大することが可能となったとして、国家資格等や自動車登録、在留資格に係る許可に関する事務等での利用を進めるなどとしています。

また、マイナンバーカードについては、「対面・非対面問わず確実・安全な本人確認・本人認証ができる『デジタル社会のパスポート』である」と位置づけた上、2024年秋の健康保険証廃止に向け、「申請環境及び交付体制の整備を更に促進」し、生活の様々な局面で利用される「市民カード化」を推進するとしています。

具体的には、

◎マイナンバーカードと健康保険証の一体化に関しては、訪問診療・訪問看護等、柔道整復師・あん摩マッサージ師・はり師・きゅう師の施術所等でのオンライン資格確認の構築、マイナンバーカードの機能の搭載によるスマートフォンでの健康保険証利用の仕組みの導入等の取組を進めるとともに、自治体による子どもの医療費助成制度や診察券のマイナンバーカード化など、マイナンバーカード1枚で受診できる環境整備を進める。また、1歳未満の申請に係る顔写真なしのマイナンバーカードを出生届の提出に併せて申請できるように2024年秋までに手続の見直しをする。さらに介護保険証等、介護分野の各種証明をマイナンバーカードで行えるようにする。

◎マイナンバーカードと運転免許証の一体化については2024年度末までの少しでも早い時期に開始するとともに、スマホに免許情報を記録するモバイル運転免許証の検討を進める。母子健康手帳とマイナンバーカードとの一体化を目指すとともに、在留カードとの一体化については次期マイナンバーカードの議論を踏まえつつ、その実現を目指す。

◎障害者手帳については、一体化ではなく、マイナンバー連携を活用し、スマートフォンアプリやウェブサービスで手帳情報を簡便に利用できる民間の仕組みの更なる普及を図り、その利用方法や利用場面についての障害当事者への情報提供を進める。

◎医師、歯科医師、看護師等の約30の社会保障等に係る国家資格等に関する資格取得・更新等の手続時の添付書類の省略を目指すとともに、資格管理者等が共同利用できる国家資格等情報連携・活用システムの開発・構築を進め、2024年度には資格所持者が当該資格を所持していることを、マイナンバーカードの電子証明書等を活用して証明、提示できるように、デジタル化を開始する。さらに、2023年6月の番号法改正により新たに追加された約50の国家資格等についても順次デジタル化を開始する。

◎マイナンバーカードの「市民カード化」の推進に向け、暗証番号なしでの利用方法に関する規定の整備を行うとともに、これに対応するアプリを開発し、行政機関・民間事業者等への提供と普及を図り、マイナンバーカードの利活用シーンの更なる拡大を目指す。また、図書館カード、印鑑登録証、コンビニ交付などの行政サービスにおけるマイナンバーカードの利活用を推進する。

◎大学での出席・入退館管理や各種証明書発行等のマイナンバーカード活用など、教育分野での利用拡大を推進する。国立大学法人においては、デジタルキャンパスの推進の中期目標・中期計画に基づき、マイナンバーカードの活用を含めた業務の実績について、運営費交付金の配分に反映する。

◎マイナンバーカードが持つ本人確認機能の民間ビジネスにおける利用の普及を図るとともに、オンラインでの本人確認手法については、マイナンバーカードの公的個人認証に原則として一本化し、運転免許証等を送信する方法や、顔写真のない本人確認書類等は廃止する。

◎公的個人認証の電子証明書のスマホへの搭載による対応サービスの拡大とともに、２０２４年度中のマイナンバーカードの国外利用及び在外公館でのマイナンバーカードの交付等の開始に向けて検討を進めるなど、マイナンバーカードの利便性の向上を図る。

◎暗号アルゴリズム、偽装防止技術を含めた券面デザインについて必要な見直しを行うとともに、性別、マイナンバー、国名、西暦等の券面記載事項、電子証明書の有効期間の延長、早期発行体制の構築を含む発行体制の在り方、マイナンバーカードの公証名義等について検討を行い、２０２６年中を視野に次期マイナンバーカードの導入を目指す。

以上のように２０２３重点計画は、健康保険証の廃止によるマイナンバーカードの事実上の取得義務付けを前提として、その利用拡大をより一層大きく進める考えを明確に示しているのです。

■マイナンバーカードを万能身分証に

2019年6月4日のデジタル・ガバメント閣僚会議（議長：菅義偉官房長官）で決定された「マイナンバーカードの普及とマイナンバーの利活用の促進に関する方針」は、安全衛生関係各種免許、技能講習修了証明書、技能士台帳、ジョブ・カード、大学等における職員証・学生証、健康保険証、お薬手帳、ハローワークカード、教員免許状、運転経歴証明書、障害者手帳などの各種カードとマイナンバーカードの一体化を図るとしていました。今日では、ここに運転免許証や在留カードが加わり、さらに医師や歯科医師、看護師、行政書士、教員、自動車整備士、調理師、理容師、美容師、労働安全衛生法による免許などの約80種の国家資格等の証明もマイナンバーカードで行うことができるように準備が進められています。政府は、マイナンバーカードさえ示せば、自分が持つあらゆる資格を証明することができる、すなわちマイナンバーカードが万能身分証になる社会を実現しようとしているのです。

ところで、どのようにして万能身分証を実現するのでしょうか。銀行口座の預金残高を調べる時のことを考えてみましょう（**図11**）。私たちはATMにキャッシュカードを読み込ませ、暗証番号を入力します。キャッシュカードの磁気ストライプか、ICチップに記録されている口座番号と暗証番号で本人確認が行われ、銀行のデータセンターの預金の記録をもとに預金残高の情報がATMに届き、残高を示すレシートが印字されます。当たり前ですが、磁気ストライプやICチップ自体に預

図11　キャッシュカードによる預金残高の確認とマイナンバーカードによる資格情報の確認の比較

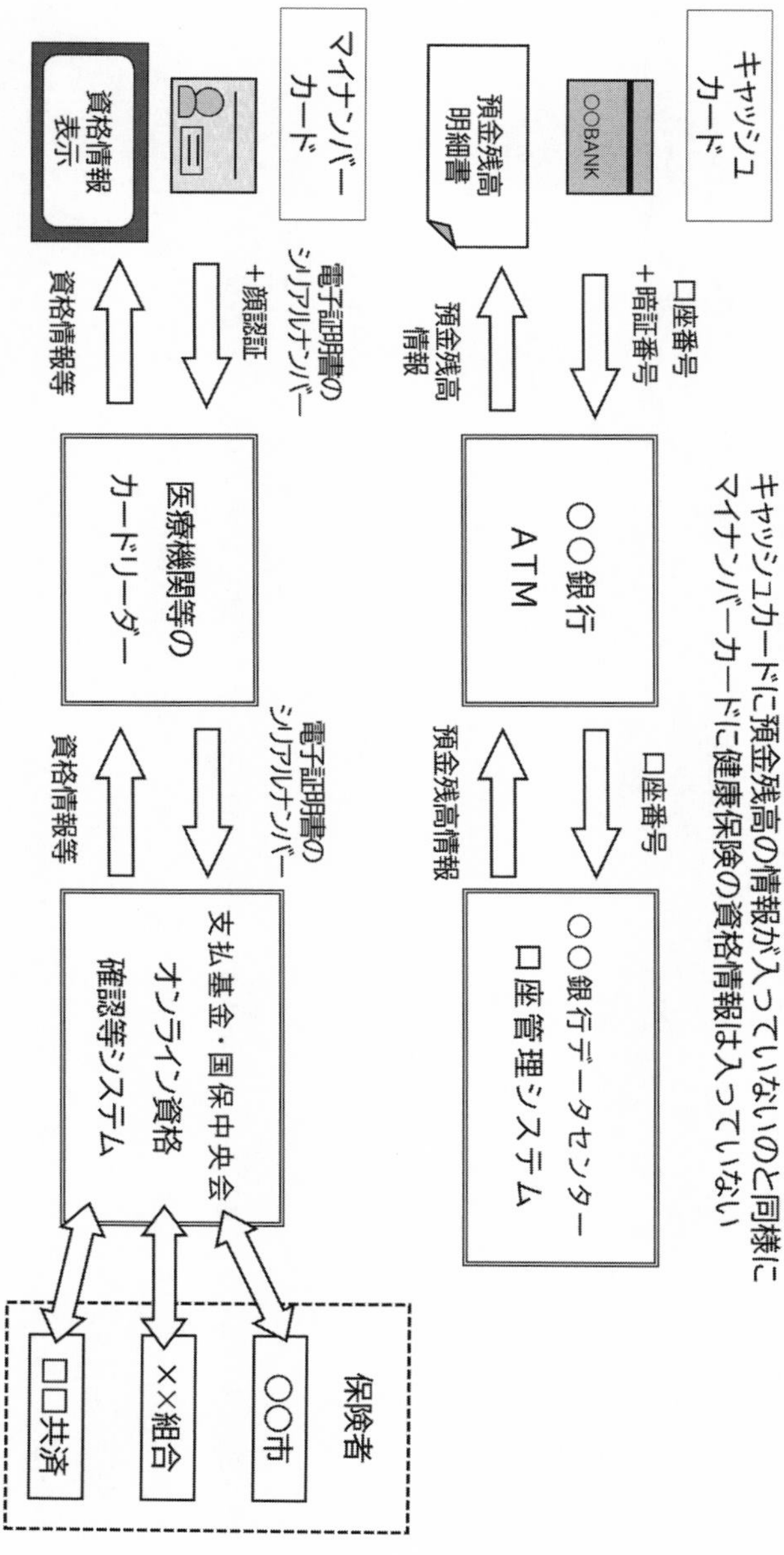

（黒田充作成）

金残高の情報は入っていません。

同様に、マイナンバーカードを健康保険証として使う場合も、マイナンバーカードに健康保険の資格情報が入っているわけではありません。マイナンバーカードのＩＣチップに記録されている電子証明書のシリアルナンバーと顔認証で本人確認をし、支払基金・国保中央会のオンライン資格確認等システムから資格情報が医療機関等に提供されるのです。マイナンバーカードの電子証明書のシリアルナンバーは、キャッシュカードの口座番号と同様にデータセンターから情報を引き出す『鍵』になっているだけです。

電子証明書を活用したこうした方法なら、各種免許・国家資格等の個人情報を持つ行政機関等は、マイナンバーカードを各種カードや国家資格証にする際に、個人情報をマイナンバーカードのＩＣチップにいちいち記録する必要も、国民等が所持するマイナンバーカードに行政機関等が直接手を触れる必要もありません。

■国家資格等情報連携・活用システム

２０２３重点計画には「資格管理者等が共同利用できる国家資格等情報連携・活用システムの開発・構築を進め、２０２４年度（令和６年度）には、資格所持者が当該資格を所持していることを、マイナンバーカードの電子証明書等を活用して証明、提示できるように、デジタル化を開始する」と書かれています。免許や資格を管理する行政機関等が共同利用できる国家資格等情報連携・活用システムが整備されれば、行政機関等は免許や資格情報の入ったコンピュータをこれに接続するだけ

図12　マイナンバーカードによる資格情報の確認と各種免許・国家資格等の証明・提示の比較

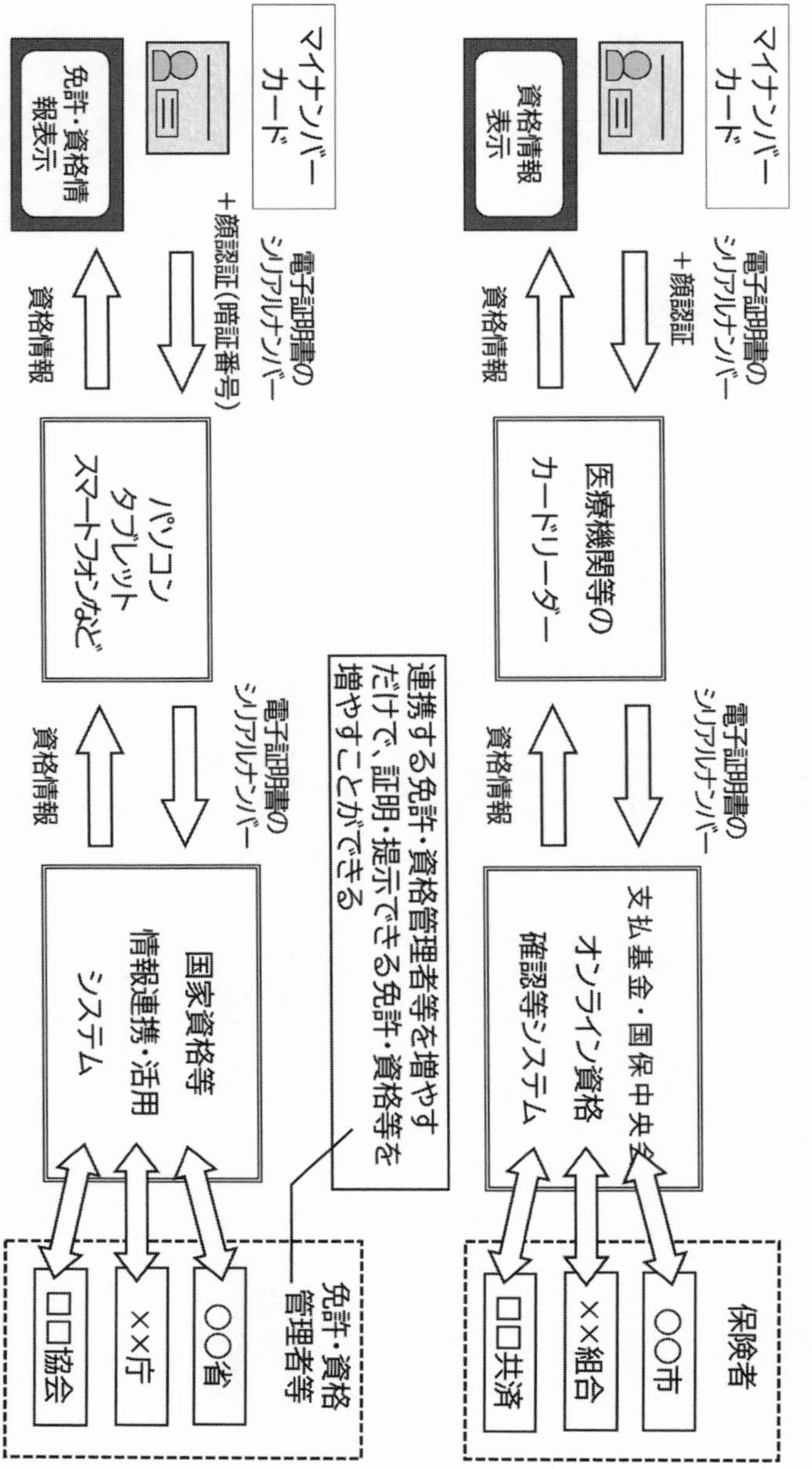

（黒田充作成）

で、マイナンバーカードで免許や資格を証明、提示することが可能となります（図12）。

こうして、マイナンバーカードで証明、提示できる事項は、政府が現在計画している範囲を超えていくらでも拡大できるようになり、マイナンバーカードは万能身分証となるのです。もちろん、そのためには法令の改正やシステム整備などが必要です。しかし、関心を持つ国民が少なければ、いつの間にか拡大されていたとなるのは間違いないでしょう。

ところで、マイナンバーカードの運転免許証化については、2022年4月に道路交通法が改正され、2024年度末実施にむけた準備が進められていますが、これまで述べてきたマイナンバーカードの健康保険証化とは方式が異なるようです。改正された道路交通法は、マイナンバーカードに運転免許情報を本人の申請により記録することができるとしており、2020年11月10日に開かれた「マイナンバー制度及び国と地方のデジタル基盤抜本改善ワーキンググループ（第4回）」に提出された警察庁の説明資料「運転免許証のデジタル化」には、「携帯端末を用いた交通反則切符の自動作成に活用」とした上で、免許証の交付年月日・有効期間、免許の種類・番号、本籍、顔写真等の免許固有の情報をマイナンバーカードのICチップに記録すると書かれています。[69] 運転免許情報をマイナンバーカードのICチップに記録する方式をとるのは、情報通信システムがダウンしたときのことを想定しているのか、警察庁のテリトリーを公的個人認証の所管官庁であるデジタル庁や総務省に侵させないとの強い決意なのか、そのあたりはわかりません。また、健康保険証のように運転免許証が廃止されるかどうかもまだ明確ではありませんが、改正された道路交通法は免許情報を記録したマイナンバーカードを持つ者は、運転免許証を返納することができるとしています。

■マイナンバーカードは監視社会へのパスポート

今から何年か後、マイナンバーカードの市民カード化、万能身分証化が進み、マイナンバーカードを取得しなければ暮らしが困難になるだけでなく、常時携帯するのが当たり前の社会が到来した、そんなある日のこと。あなたは街頭で警察官から職務質問を受け、マイナンバーカードを出すように言われます。マイナンバーカードを警察官の持つタブレットにかざすとあなたが持つ免許や資格の情報が、電子証明書のシリアルナンバーをを鍵にして行政機関等のコンピュータから引き出され画面にずらっと並びます。

画面に表示されるのは、免許や資格の情報だけではありません。住所や所得、職業、資産、健康、医療、介護などの様々な個人情報——あなた自身がもう忘れてしまっている過去の出来事に関するものも——も表示されるかも知れません。政府は民間企業にも、電子証明書の利用を促していますからマイナンバーカードで引き出せる個人情報は、やがて行政機関の持つものだけではなくなるでしょう。

政府は、電子証明書のスマホへの搭載を進めています。今日、スマホの画面に会員であることや、貯まっているポイントなどを表示させるアプリ（デジタル会員証）を採用する民間サービスが増えています。こうしたシステムの多くでは、ポイントや購買履歴はスマホ自体ではなく、その企業のコンピュータに記録されています。スマホのアプリに登録したＩＤが鍵となって、インターネットを経由して情報を取り寄せ画面に表示させるのです。

電子証明書のスマホへの搭載も同じです。電子証明書を鍵として、行政機関等の持つ様々な個人情報――将来的には民間企業保有のものも――をマイナンバーカードがその場になくても、スマホ画面に表示させることが可能となるでしょう。しかし、自分が医師なのか保育士なのか、はたまた電気工事士の資格を持っているのかがわからなくなって、スマホの画面で確認することなどまずあり得ません。資格を表示させるのは誰かに見せるためでしょう。今のところそうした機会はあまりないと思われますが、もし見せることを求められる、自分の意思に反して見せることを強要される、そんなことが普通になるとするなら、それはどんな社会なのでしょうか。

マイナンバーカードの健康保険証化は、健康保険証の廃止によって取得を事実上義務付けるだけでなく、マイナンバーカードを万能身分証へと大化けさせるための最初の一歩であり、それは監視社会へ向かって大きく踏み出す一歩なのです。政府は、広報などで「マイナンバーカードはデジタル社会のパスポート」との表現を始めていますが、マイナンバーカードはまさに監視社会へのパスポートとして機能していくことになるのです。

■プロファイリングによる選別は、いよいよ現実のものに

このままマイナンバー制度の活用が進めば、やがてプロファイリングによる医療などの社会保障からの排除や制限、選別、点数（スコア）化による人権侵害が巻き起きることになるでしょう。ＡＩが集めた個人情報をもとに「あなたは『真』に支援が必要な人ではない」と判定されてしまうと、自分がなぜ排除、制限されているのか、なぜ点数が低いのかわからない。だから点数を上げる方策もわからない。役所に聞いても、「コンピュータの画面にそう出ている」、「ＡＩがそう言っているのだから間

違いないだろう」としか答えられない、そんな社会がもう目前に迫っているのです。

Ｖ・ユーバンクス著『格差の自動化　デジタル化がどのように貧困者をプロファイルし、取締り、処罰するか』（人文書院）は、アメリカの一部の自治体では、すでに福祉給付、ホームレスへの住宅提供、児童虐待防止といった社会保障分野において、ＡＩ等によるプロファイリングが行われることで、人権侵害が引き起こされていることを明らかにしています。たとえシステムが不正をなくし、真に困っている人を見つけようとする「善意」で作られていたとしても、給付削減政策のもと、弱者に向かって牙を剥いているのです。ＡＩが下した判定の理由を自治体の職員も含め誰も知ることができず、さらに「隣人の悪意」による虚報が児童虐待防止のデータに紛れ込み、家庭の破壊さえもたらしているとしています。

しかしこれは『海の向こうの話』ではありません。三重県の津市で起きた母親による娘への傷害致死事件では、[70] ＡＩを活用した児童虐待対応支援システム（三重県が２０２０年に全国に先駆けて導入）が示した「保護率39％」「再発率13％」の数値を参考に児童相談所が保護見送りを決定していたことが明らかとなっています。

児童保護へのＡＩの活用は三重県だけが進めているのではありません。厚生労働省は、２０２２年度補正予算に「児童相談所における一時保護の判断に当たり、ＡＩを活用した緊急性の判断に資するツールの開発を促進する」として、４億９千万円を計上しています。開発・テストを経て２０２４年度以降運用（通告の対象となった児童についての情報入力をもとにＡＩが解析・予測した一時保護率・再発率を、職員による一時保護判断の参考とする）を開始するとしており、もうまもなく、このシステムを全国の児童相談所が利用することになるでしょう。

このシステムとマイナンバーとの関係はわかりません。おそらく現時点ではつながってはいないでしょう。しかし、こうした〝便利〟なシステムは、やがて生活保護などの給付の可否の判定にも拡大されていくでしょう。当然、その時にはマイナンバーを使って名寄せられた様々な個人情報も判定のために活用されることになるでしょう。

今回、マイナンバーと個人情報との紐づけに多数の間違いがあることが発覚しました。もし、こうした間違いが放置されたままプロファイリングが行われれば、その結果も間違ったものとなります。マイナンバー制度の存在意義の1つである「年金・福祉・医療等の社会保障給付について、真に支援を必要としている者に対し迅速かつ適切に提供」も揺らいでしまい、プロファイリングによって引き起こされるであろう人権侵害をより一層深刻なものとするでしょう。

68 法務省の「戸籍制度に関する研究会」が2017年8月に示した「最終取りまとめ」は、①読み仮名の法的位置付けとして、氏や名の一部となるか、②漢字の音訓や字義に全く関係のない読み仮名の取扱い、③同じ氏の親子や兄弟について異なる氏の読み仮名が届け出られた場合の取扱い、④読み仮名の収集方法が主な問題点として挙げられた上、「これらの問題の解決は困難であり、戸籍実務上及び一般国民の社会生活上混乱を生じさせることになるものと考えられることから、戸籍に振り仮名を記載する取扱いとすることについては、その必要性や国民の意識も踏まえ、なお慎重に検討すべきである」とし、「振り仮名については、特段の制度を設けないものとする」としていました。

69 同資料には、違反歴については「取締り実務・セキュリティの観点から不要」と書かれています。必要となれば通信回線を使って、その場に取り寄せれば済むという考えなのかも知れません。

70 三重県津市に住む42歳の母親が4歳の娘に転倒させるなどの暴行を加え、死亡させたとされ、傷害致死の罪で2023年7月に起訴されています。なお、県の児童相談所は要保護児童と位置づけながらも、亡くなるまでの1年以上にわたり、直接本人に会って状況を確認するなどの措置をしていなかったようです。

第10章　プロファイリング、顔認識をめぐる世界の動き

■デジタル化された監視社会

『デジタル化された監視』の先進国である中国には、キャッシュレス決済サービス「アリペイ」を展開するアリババグループによる「信用スコア」が広く普及しています。

信用スコアは、アリペイの使用状況や返済履歴などのほか、学歴や職歴、資産、交友関係、買物等の日常行動や犯歴といった個人情報をもとに「プロファイリングによる評価」を行うことで、一人ひとりに付けられる点数です。スコアリング（点数付け）にはＡＩが使われていると思われますが、その仕組みや基準などの詳細は公表されておらず不明です。

スコアリングで高い点を得た者は借家やホテル、レンタカー等の保証金が不要になったり、融資を受けるのが容易になったり、一部の国のビザ申請がネット上で可能になったりと様々な特典を受けることができる一方、点数が低いと、就職や婚活など様々な場面で差別的な扱いを受けることになるようです。

また、街頭の監視カメラから得た顔の画像をもとに、交通違反者を特定し、街頭のディスプレイに表示し、罰金を課すシステムが都市部で拡大しており、マナーの急速な向上に寄与していると言われています。顔の画像だけで誰であるかを特定する技術は地下鉄の改札でも活用されており、北京では安全チェックを目的に乗客の分類（不審者の選別）にも使われているようです。安全・安心・便

利を謳い文句にしたこうした監視システムは、新疆ウイグルやチベット、ホンコンなどでは抑圧目的でも活用されていると考えられます。[71]

■EUのプロファイリングされない権利とAI規制

ＥＵ（欧州連合）ではどうでしょうか。加盟国全てに適用される個人情報保護の法律として２０１６年に制定され、２０１８年に施行された「一般データ保護規則（General Data Protection Regulation　以下、「ＧＤＰＲ」）」は、「プロファイリングされない権利」を規定しています。それはプロファイリングに対して異議の申し立てを行う権利であり、「（個人データの）管理者は、異議申立権が行使された場合、データ主体（引用者注：個人）の利益または権利および自由に優越する不可欠な正当な根拠を示すことができなければ、データ処理を中止または開始をやめなければ」なりません。[72]また、自らに関する法的効果を生み出したり、重大な影響をもたらしたりする決定を、プロファイリングを含むコンピュータの自動処理のみに基づいてなされない権利を持つことも規定されています。宮下紘・中央大学教授は、この権利を「人間介入の権利」と表現しています（『プライバシーという権利』岩波新書）。

さらに欧州議会はＥＵの政府である欧州委員会が２０２１年4月に行った提案をもとに、「ＡＩ規制法案」を２０２３年6月14日に採択しました。今後、加盟27カ国の閣僚からなる理事会などとの協議を行い、２０２６年頃には施行される見込みです。ＡＩ規制法案の核心は民主主義と人権の擁護です。少し長くなりますが、以下はＡＩ規制法案が採択された日の欧州議会のプレスリリース「欧州議会は、安全で透明性の高いAIのための初めてのルールについて交渉する準備ができている」からの抜粋です。[73]

この規則は、人間中心で信頼できるAIの導入を促進し、その有害な影響から健康、安全、基本的権利、民主主義を保護することを目的としている。……この規則は、欧州で開発・使用されるAIが、人間の監視、安全、プライバシー、透明性、非差別、社会面や環境面における福祉を含むEUの権利と価値観に完全に沿ったものであることを保証するものである。

……したがって、ソーシャルスコアリング（社会的行動や個人的特徴に基づいて人々を分類すること）に使用されるAIシステムなど、人々の安全に対する許容できないレベルのリスクを伴うAIシステムは禁止される。

……次のような内心への侵入的、及び、差別的なAIの使用を禁止することを盛り込んだ。

・公共の場における「リアルタイム」の遠隔生体認証システム。
・「事後」の遠隔生体認証システム。ただし、重大な犯罪の訴追のための法執行として司法の承認を得た後に行うものは例外とする。
・センシティブな特性（性別、人種、民族、市民権、宗教、政治的指向など）を使用した生体認証による分類システム。
・予測警察システム（プロファイリング、位置情報、過去の犯罪行為に基づく）。
・法執行機関、国境管理、職場、教育機関における感情認識のシステム。

・顔識別データベースを作成するために、インターネットや監視カメラ映像から顔画像を無制限に収集すること（人権とプライバシーの権利の侵害）。

………採決後、共同報告者のブランド・ベニフェイ欧州議会議員（イタリア・民主党）は、「今日、私たちに注目が集まっている。大企業が自らの創造物に警鐘を鳴らす一方で、欧州はＡＩが引き起こし始めているリスクへの具体的な対応を先行して提案した。我々は、創造性と生産性を高めるＡＩのポジティブな可能性が生かされることを望んでいるが、理事会との交渉において、我々の立場を守り、民主主義と自由に対する危険に対抗するために戦うつもりだ」と述べた。

このプレスリリースからわかることは、欧州議会が問題にしているのは、ＡＩを使って〝悪い奴〟が悪事を働くかもしれないではなく、国家権力が悪事を働くかもしれないであって、これを法律でいかにして規制しようかというものです。日本では、ＡＩ規制だけでなく、個人情報保護の問題は未だに〝悪い奴〟の悪事をどう防ぐかといったセキュリティの問題に留まっています。これは国家権力としての政府と国民との関係についての国民の意識がヨーロッパに比べて遅れているからかも知れません。

■GAFAMと個人情報

ＥＵの個人情報保護政策は国家権力を縛るだけではありません。プロファイリングによる人権侵害につながりかねない膨大な量の個人情報を世界中から集めている巨大ＩＴ企業のＧＡＦＡＭ

(Google、Apple、Facebook［現、Meta］、Amazon、Microsoft) などへの一般データ保護規則に基づく監視や規制、課税も強めています。

例えば、EUの一員であるルクセンブルグのデータ保護委員会は2021年7月にアマゾン社に対して、同社の個人データの処理がGDPRに違反しているとして970億円の罰金を科すと発表しています。また、2023年5月には同じくアイルランドのデータ保護委員会はMeta社に対してGDPR違反（EU内のユーザーの個人情報を米国へ移転する際に、EUの基準を満たしていなかった）だとして1800億円の罰金を科すと発表しました。

一方、日本政府の基幹システムを収める「ガバメントクラウド」は、2023年度から米国企業であるグーグル、アマゾン、マイクロソフト、オラクルのシステムに置かれることになりました。デジタル庁が公募をしたところ日本の企業からは応募がなかった――政府が示した条件をクリアできないから?――ためとされています。もちろん真相は不明ですが、日本政府の対米従属が背景にあるのかも知れません。

なお、政府はガバメントクラウドに、国の行政機関のシステムだけでなく、標準化された自治体の情報システムを収めることで、全ての自治体にこれを利用させる計画を進めています。このシステムには、当然、全ての住民、すなわち全ての国民等の個人情報も記録されることになります。ひょっとすると全国医療情報プラットフォームも、こうしたガバメントクラウドに収められることになるかも知れません。

■個人情報保護よりも利活用一辺倒の日本

日本には、中国の「デジタル化」に憧れ、これをビジネスチャンスだと考える人たちがいます。２０１９年8月30日には、安倍政権で地方創生を担当した片山さつき大臣が、中国政府と地方創生に関する協力を強化する覚書を交わしており、ＮＨＫニュースは「最先端技術の実証実験を街全体で行う『スーパーシティ』の整備に向け、先行する中国と連携を強化することで、実現に弾みをつけるねらいがある」（同年9月30日）と報じています。

内閣府はスーパーシティの海外事例の１つとして、中国の杭州市を「道路ライブカメラの映像をＡＩで分析することにより、杭州内の交通円滑化に大きく寄与（２０００~３０００台のサーバー、４０００台超のカメラを配備）」することで、「ＡＩ経由で警察に寄せられる交通違反や事故情報は多い日で５００件」、「市内の約半分のエリアにおいて、交通事故や交通違反、交通渋滞の発生時に約20秒でアラート発信が可能に」なるとともに、「アリババの技術が導入された、近未来的ショッピングモール」では、「キャッシュレスで決済データを集める」ことができているなどと〝好意的〟に紹介しています。[74] 岸田政権が看板政策の１つとして掲げる「デジタル田園都市国家構想」や、その実現につながるとするスーパーシティ特区もこうした考えの延長にあると見て間違いないでしょう。

残念なことに、日本ではＥＵがプロファイリングやＡＩへの規制を強めていることだけでなく、そもそもプロファイリングという言葉自体がほとんど知られていません。またデジタル改革関連法として２０２１年5月に改正された個人情報保護法にも、プロファイリングされない権利はうたわれておらず、同じく新たに制定された「我が国経済の持続的かつ健全な発展と国民の幸福な生活の実現」

を目的に掲げるデジタル化社会形成基本法の基本理念には「個人及び法人の権利利益の保護」（10条）という法人と個人を一緒くたにくくる言葉はあっても、「個人情報保護」の文言はありません。政府が進めるデジタル化は同法が基本理念の1つに「経済構造改革の推進及び産業国際競争力の強化」（4条）を掲げるように個人情報の利活用一辺倒となっているのです。

■顔認識技術の利活用と人権

監視カメラなどで撮影した写真や動画から顔の部分を取り出したり、それが誰であるかを自動的に特定したり、あらかじめ取得している顔データと照合したりする顔認識技術についてはどうでしょうか。オンライン資格確認のカードリーダーで使われている顔認証（本人確認）もこうした技術を利用したものですが、今日ではクレジットカード会社などが顔認証決済サービスを始めたり、大阪の地下鉄やJR西日本が顔認証によるチケットレス改札の実証実験を進めたり、さらに学生や園児の出席確認に顔認証を使う実証実験や、体温検知カメラを使った居眠り感知のシステムの開発などが行われたりと、顔認識等に関わる技術は単に便利なものとして利用が急速に広がっています。

日本では、顔認識技術の利用を規制する法律はなく、野放し状態ですが、EUや米国の一部の自治体では、基本的人権擁護の立場から顔認識技術の規制が進められています。「日本経済新聞」（2019年8月23日付）によると、スウェーデンのデータ保護当局は監視カメラを使用して生徒の出欠を確認していた学校に対し、生徒のプライバシーを侵害したとしてGDPRに基づき20万スウェーデン・クローナ（約220万円）の罰金を科しています。また、イギリスの"The Guardian"

（2020年8月11日）は、同国の控訴裁判所がサウスウェールズ警察による顔認識技術を使った人物照合（顔識別）を、欧州人権条約の第8条「全ての者は、その私的および家族生活、住居ならびに通信の尊重を受ける権利を有する」に反しているなどとして、違法だとする判決を下したと報じています。因みにサウスウェールズ警察が使っていた顔識別のシステムは日本のNEC社製でした。

米国では、テロ対策などとして、空港などにおける顔認識技術の利用が広がっているという現実もありますが、一方でサンフランシスコ市、ボストン市、ポートランド市、ミネアポリス市など20余りの自治体が顔認識技術の市当局による利用を禁止もしくは規制する条例を制定しています。

デジタル化をめぐる人権擁護の運動は顔認識だけに留まりません。カナダのトロントでは、グーグル社の関連企業が受託したウォーターフロント地区にスマートシティ（日本のスーパーシティに相当）をつくる計画が、企業に個人情報を譲り渡し、人権侵害を引き起こすものだとする市民の反対運動で撤回されています。

欧米におけるプロファイリングや顔認識技術の利用に対する規制の背景にはナチス・ドイツによるホロコーストなどの人権侵害や、旧東側諸国における監視社会への反省、そして人権擁護の世論、広範な市民運動の存在があります。特に米国での顔認識技術の規制は、それがアフリカ系やアジア系に不利な判定（誤認識）をすることから、ＢＬＭ（Black Lives Matter）運動と深く結びついています。

このように全ての国が利活用一辺倒の日本と同じ方向を向いているのではないのです。[75]

71　中国のデジタル監視社会の詳細については拙著『あれからどうなった？　マイナンバーとマイナンバーカード』（日本機関紙出版センター）、及び、同書掲載の参考文献をご参照ください。

72　宮下紘『ＥＵ一般データ保護規則』勁草書房。

73　"MEPs ready to negotiate first-ever rules for safe and transparent AI" https://www.europarl.europa.eu/news/en/press-room/20230609IPR96212/meps-ready-to-negotiate-first-ever-rules-for-safe-and-transparent-ai

74　内閣府地方創生推進事務局「『スーパーシティ』構想について　令和3年8月」。

75　トロントでのスマートシティ計画撤回を求める市民運動や、顔認識技術とＢＬＭ運動の関係などについては『デジタル改革とマイナンバー制度』（自治体研究社）所収の内田聖子「住民のためのデジタル化へ　海外の市民運動と自治体に学ぶ」をご参照ください。

第11章　健康保険証廃止反対と個人情報保護、そして日本国憲法

■個人でできることと、その限界

個人情報の紐づけ間違いの発覚などにより、マイナンバーカードへの不安が広がり、カードを返納する動きが出てきています。確かに、マイナンバーカードを取得しないことや、取得したマイナンバーカードを返納することには、政府に対し自分たちの意思を伝えるという点では意義があるでしょう。しかし、残念ながら、マイナンバーカードを持たなくても、またマイナンバーカードを返納したとしても、それだけでは政府が進めるマイナンバーと個人情報の紐づけを阻止したり、プロファイリングを阻止したりすることはできません。

これまで述べてきたように、マイナンバーカードを取得しなくても、マイナンバーカードを健康保険証として使わなくても、マイナンバーと紐付けられている被保険者番号は医療情報とともに、既に保険者から支払基金・国保中央会のオンライン資格確認等システムに送られ記録されてしまっています。マイナンバーカードを返却しても、マイナポータルを使って健康保険証としての利用登録を削除しても、オンライン資格確認等システムから電子証明書のシリアルナンバーが削除される以外は[76]、何ら変わることはありません。今後、電子カルテなどの個人情報がオンライン資格確認等システムに新たに記録されることを拒否することにもつながりません。

税や所得、年金、福祉、介護、雇用保険等の個人情報も、マイナンバーカードの取得や利用とは

関係なく、本人の意思ともかかわりなく、既にマイナンバーと紐付けられてしまっています。この紐づけを拒否する術は私たちにはありません。さらに先の国会での番号法の改正により、社会保障・税・災害対策の3分野以外の個人情報とマイナンバーの紐づけが可能となり、公金受取口座の登録も、本人が「不同意」を示さなければ自動的に行うことすら可能となりました。マイナンバーの付番自体を拒否する手立ても、日本国籍を離脱し、海外に移住する以外にはありません。

制度をつくり、問答無用に押しつけてくる政府に、マイナンバーカードの返納などの個人の「工夫」や「努力」だけで対抗するには残念ながら限界があります。プロファイリングにつながるマイナンバー制度や、全国医療情報プラットフォームの様な人権侵害を引き起こしかねない仕組みはなくす、作らせないことこそが肝要です。当たり前ですが、これはひとえに政治と民主主義の問題であり、これからの日本をどうしていくかの問題なのです。

■国会軽視、国民無視で決められていく「デジタル化」政策

マイナンバー制度の根拠法である番号法が成立したのは2013年5月ですが、国会審議の際にはマイナンバーカードに健康保険証としての機能を持たせるといった説明を政府は行っていません。2013年4月11日の衆議院予算委員会で日本共産党の高橋千鶴子議員は、2009年4月の厚生労働委員会において政府は社会保障カード（2009年当時、社会保障番号と合わせて導入が検討されていた）は健康保険証の機能を持つと考えられると答弁したが、個人番号カードも健康保険証と同じものになるのかとの質問をしました。当時、安倍政権下で厚生労働大臣を務めていた田村憲

久氏は、健康保険証にするとは答えていません。田村大臣は「医療情報のための番号制度に関する有識者の検討会の報告書の中において、医療情報のための番号制度の効果の一つとして、今言っておられたようなオンラインによる被保険者資格の確認が挙げられておるということでございます。いずれにいたしましても、今後、このような報告書を踏まえつつ、いろいろと関係者の御意見をしっかりとお聞きしながら検討を進めてまいりたい」と、マイナンバーとは異なる「医療情報のための番号制度」へと話をすり替えてしまっています――違う話だと気づいていない可能性もあります。なお、田村大臣の言う報告書とは「医療等分野における情報の利活用と保護のための環境整備のあり方に関する報告書」（2012年9月）のことですが、同書にはマイナンバーカードを資格確認に使う、すなわちマイナンバーカードを健康保険証として使う話など一切出てきません。

健康保険証として使えるようにする話が国会審議において政府側から出てきたのは、2015年6月18日の衆議院予算委員会での安倍晋三首相の答弁が最初です。安倍首相は同じく高橋議員の質問に対し「今後、個人番号カードに健康保険証の機能を持たせること…について、マイナンバー制度のインフラも活用しつつ…検討していく考えであります」と答えています。これはマイナンバー制度がスタートし、マイナンバーカードの交付が始まる半年前です。

この答弁のわずか12日後の6月30日には「2017年7月以降早期に医療保険のオンライン資格確認システムを整備し、個人番号カードを健康保険証として利用することを可能にする」と書かれた「日本再興戦略　改訂2015」が閣議決定されています。同戦略は、安倍政権における成長戦略を策定するために設置された日本経済再生本部（本部長：安倍首相）のもとに置かれた産業競争力会議（議長：安倍首相）と経済財政諮問会議（議長：安倍首相）の合同会議で、同日に策定されたものです。これらの会議は関係閣僚と有識者で構成されており、前者の会議には竹中平蔵・東洋大学教授、三木谷浩史・楽天社長、三村明夫・日本商工会議所会頭らが、後者の会議には伊藤元重・東京大学大学院教授、高橋進・日本総合研究所理事長、そしてちょうど8年後の２０２３年6月に「健康保険証の廃止については必ず実現するよう、これを納期として向けてしっかりとやっていただきたい」との発言を行って顰蹙を買った新浪剛史・サントリーホールディングス社長らが加わっていました。

もし、マイナンバーカードを健康保険証にするのが、正しい政策であると安倍政権が本気で考えていたのなら、２０１３年の番号法についての国会審議の際に明らかにすべきでした。国会答弁でははぐらかし、お仲間で固めた会議で議論し閣議決定し、国会では充分な審議を行うことなく決めてしまう。政府は、○○会議での議論や、○○戦略、○○計画は、各省庁のウェブサイトで公開しているから問題なしと考えているのかも知れません。しかし、これらに目を通している国民は果たしてどれだけいるのでしょうか。民主的なやり方とは到底思えませんが、こうした手法は、安倍政権だけでなく、続く菅政権においても、そして現在の岸田政権においても踏襲されています。また、残念ながら○○戦略や○○計画に関するマスコミの報道も断片的なものに過ぎず、健康保険証の廃止問題のように具体的に実施する段階になってようやく大きく報じるといった有様です。

今回の健康保険証の廃止も、岸田首相を議長として、十倉雅和・日本経済団体連合会会長、新浪剛史社長らを構成員とする経済財政諮問会議で２０２２年6月7日に策定され、その日のうちに閣議決定された骨太方針２０２２に「保険証の原則廃止を目指す」と書かれていることを根拠として、国会での十分な審議のないまま決められ、進められてきました。国会軽視は、先の国会での番号法改正により、マイナンバーの利用範囲の拡大が法によらずに可能になるなど、さらにエスカレートしています。

■民主主義、人権とデジタル化

日本社会の個人情報保護の意識は、けっして高くありません。欧米に比べればむしろ遅れています。個人情報保護の議論は、政府や大企業をどう規制するかではなく、情報漏洩や不正アクセスといったセキュリティの話にいまだに留まっています。

GDPRなどEUの話もしましたが、もちろん彼らが行っていることが全て人権擁護の立場から出発しているわけでも、全てが正しいわけでもないでしょう。経済政策として米国や中国とどう対抗していくのかといった面も大きいのは間違いありません。しかし、学ぶべき点も多々あるのではないでしょうか。例えば欧州委員会が2021年3月に示した「2030年デジタル指針：『デジタルの10年』に向けた欧州の在り方」には、「デジタルの権利」として「オンラインでビジネスを立ち上げ、遂行する自由」や、「オンライン空間における個人の知的創造物の保護」とともに、「多様で、信頼できる、透明な情報へのアクセスを含む表現の自由」、「個人情報およびプライバシーの保護、忘れられる権利」が掲げられています。また「デジタル原則」として「誰もが社会や民主主義のプロセスに積極的に参加できるようにするためのデジタル教育とスキル」や、「アクセスしやすい、人間中心のデジタル公共サービスおよび行政」、「人間中心のアルゴリズムのための倫理的原則」、「オンライン空間における子どもの保護と権利拡張」などが示されています。

一方、日本でも「デジタル原則」と称するものが閣議決定されています。それは岸田首相の目玉政策である「新しい資本主義」の実現に向けた成長戦略の重要な柱であるデジタル田園都市国家構想を議論する「デジタル臨時行政調査会」（会長：岸田首相）で２０２１年12月22日に策定され、翌々日に閣議決定された２０２１年版の「デジタル社会の実現に向けた重点計画」に盛り込まれた5つの「デジタル原則」です。しかし、そこにあるのは「デジタル完結・自動化」「官民連携」「共通基盤利用原則」といった言葉だけです。ＥＵのような民主主義や人権擁護からの視点は全くありません。デジタル臨時行政調査会でデジタル原則が議論された際にはデジタル庁から参考資料としてＥＵのデジタル原則が紹介されたにもかかわらず、その中味は似て非なるものとなっています。

ＥＵで規制されているプロファイリングも、先に述べたように日本では言葉自体がほとんど知られておらず、個人情報保護法にも何ら規定されていません。こうした遅れた状況を打開するには、多くの人たちが「デジタル化」に関心を持ち、マイナンバーやマイナンバーカードなど政府が進める施策の中味や目的、大企業の思惑を正しく知り、何が問題なのかを知ることが必要不可欠でしょう。

なお、ＥＵは２０２２年12月に「２０３０デジタル指針」が掲げる目標の実現に向け、「欧州の価値観とＥＵの基本的権利に基づき、普遍的な人権を再確認し、全ての個人、企業、そして社会全体に恩恵をもたらす、人間を中心に置いた欧州流のデジタル変革を推進することを目指す」とする「デジタルの権利と原則に関する欧州宣言」を決定しています。そこには「ＡＩなどのテクノロジーが、健康、教育、雇用、私生活などに関する人々の選択を奪うために使用されないようにすること」などの文言も盛り込まれています。

■健康保険証を廃止させない運動は、憲法と民主主義を守る闘い

今、必要とされるのは、基本的人権を守る立場から、デジタル技術を民主的にコントロールしていくための議論であり運動です。人々をプロファイリングすることで、人格や個性を無視し、勝手な決めつけで「こいつは○○だ」と書かれた箱に放り込むような人権をないがしろにした法や制度は、日本国憲法第13条の「すべて国民は、個人として尊重される」に反するものであり、本来、作ることはできないはずです。

健康保険証の廃止はマイナンバーカードを落としたら大変だといった話には留まらない、保険医療を受ける権利や人権の侵害にもつながりかねない問題であり、日本の医療政策、社会保障政策の根本に関わる問題なのです。同時に、健康保険証廃止反対、マイナンバーカード取得の事実上の義務化反対の運動は、憲法と民主主義を守る闘いでもあるのです。

マスコミの世論調査では、廃止の撤回や延期を求める声が合わせて7割以上（図13）と圧倒的に多くなっています。廃止反対は多くの人たちが一致できる要求であり、そのための運動を地域で大きく広げることが可能ではないでしょうか。「保険証廃止に反対する会」「保険証を守る会」などを広範な市民や団体と地域に数多く作り、保団連などが進める政府に向けた廃止反対署名や、首長や地方議会に「廃止反対」の意見表明を求めるといった運動を進めるのはどうでしょうか。[77] そして、さらに健康保険証廃止の問題だけでなく、マイナンバー制度自体の問題点をも明らかにすることを通じ

図13

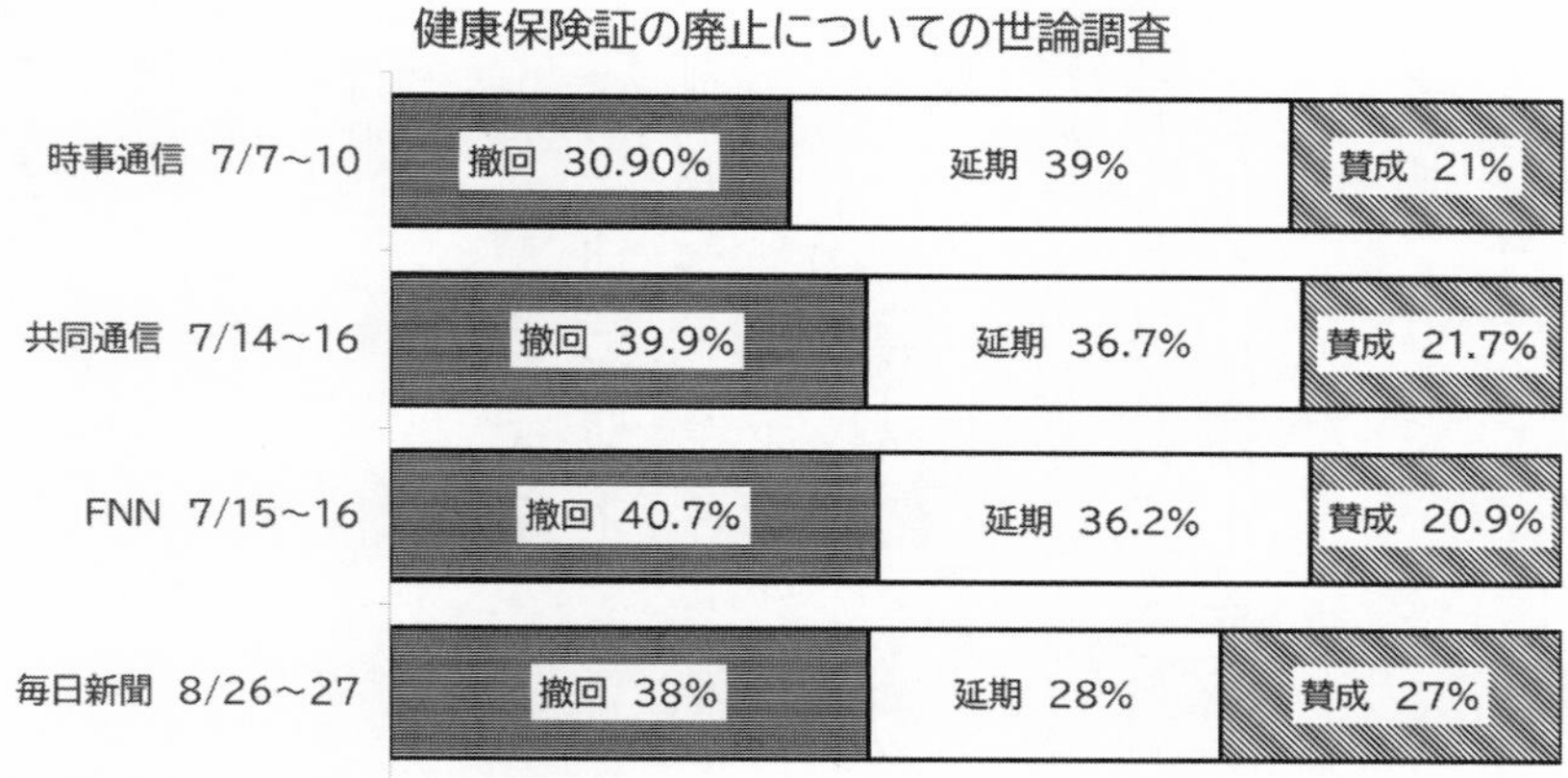

（新聞報道などをもとに黒田充作成）

て、国民の意識を高め、「個人情報を守れ」の声を大きくし、少なくともＥＵ並の個人情報保護政策をとらせることが必要ではないでしょうか。

そのためには、マイナンバー制度やオンライン資格確認等システムなどの仕組みや、政府が進める「デジタル化」の狙いとともに、政府とその背後の大企業がそれらを活用することで、どのようなデジタル化社会が作られようとしているのかを正しく知ることも必要でしょう。

76 常識的に考えれば、必要のなくなった電子証明書のシリアルナンバーは削除されるはずですが、確証はありません。履歴として残る可能性もあります。

77 岩手県や北海道ニセコ町、埼玉県北本市、同三芳町、同鳩山町、神奈川県座間市、長野県松本市、同立科町、同栄村、滋賀県東近江市、同愛荘町、京都府長岡京市、奈良県大和高田市、同河合町などの地方議会が、健康保険証の廃止の見直しや延期、撤回、存続などを求める意見書を採択しています。

あとがき

本書は、2023年3月1日に本書と同じく日本機関紙出版センターから上梓させていただいた『何が問題か　マイナンバーカードで健康保険証廃止』の続編として執筆しました。

政府が進める無謀ともいえる健康保険証の廃止に対して、反対の声が圧倒的となっていますが、こうした世論を大きく盛り上げるのに最も貢献した（している）のは全国保険医団体連合会（保団連）です。保団連が昨年末から会員に向けて実施してきたアンケートは、マイナンバーカードの健康保険証利用に関して7割の医療機関においてトラブルがあったと答えるなど、オンライン資格確認のとんでもない実態を現場の声をもとに具体的に明らかにしてきました。保団連は、その後も高齢者施設などへの影響調査などを精力的に行い、健康保険証の廃止がどれほどの問題を抱えているのかを次々と明らかにし、記者会見や数々の集会、そしてマスコミ報道などを通じて、廃止反対の世論の形成に大きな影響を与えてきました。同時に実態調査や対応策を打ち出さざるを得ないほど、岸田政権を追い込んでもきました。もし、保団連が日本になければ、今日のような状況は生まれなかったでしょう。健康保険の被保険者の一人として大いに感謝するものです。

本書では、こうした保団連のアンケートや、それにつらなるマスコミ報道、そして政府が行った調査などで明らかになったマイナンバーカードの健康保険証利用にまつわるトラブルについて整理し、その原因を探るだけでなく、そもそも政府が世論に抗してまでゴリ押しで進める背景に何があるのかを前著に引き続き、閣議決定された様々な計画など政府の動向等を参考にしつつ明らかにすることを試みました。

政府は経済界からの要望に応え、国民等の生涯にわたる医療介護全般についての個人情報を「もうけのタネ」として関係業界に提供していくための仕組みとして、全国医療情報プラットフォームの構築を進めようとしています。この仕組みを動かすには被保険者番号を履歴管理する機能を持ったオンライン資格確認等システムが必要不可欠です。そして、マイナンバーカードを健康保険証として使わせる仕組みであるこのシステムを充分に働かせるためには、健康保険証が邪魔です。政府が健康保険証の廃止に、これほどまでにこだわる理由はここにあるのです。

本書では触れていませんが、政府が力を入れる背景にはマイナンバー制度に関わる大手ＩＴ企業の利権の存在というわかりやすい側面ももちろんあります。しかし、こうしたＩＴ公共事業ともいうべき直接的な利益のばら撒きよりも、国民等の個人情報を利活用することによって生み出される利益の方が遙かに大きく、それを享受できる業界や企業も遙かに多いことに注意を向けるべきでしょう。そして同時に、マイナンバーの問題を「個人情報が漏れると怖い」と狭くとらえていては、私たちの人権は守ることはできないこと、個人情報をどう利活用すれば「もうけのタネ」になるのか、そして利活用がどのようにして人権侵害をもたらすのかについて考えてみることが必要ではないでしょうか。

「あとがき」ですから、このあたりで終わりとすべきですが、本文執筆後に明らかになったことなど、補足すべき事項を以下5点ばかり書かせていただきます。

1つは、8月23日に行われた立憲民主党の「マイナ保険証」国対ヒアリングにて厚生労働省が出してきた「資格情報のお知らせ」を交付する話です。医師の高齢化や光回線などのネットワークの未整備など特殊な事情があることからマイナンバーカードによる資格確認への対応が免除されている医療機関等が全国でおよそ8300あります。厚生労働省は、こうした医療機関等でも健康保険証の廃止後も保険診療を受けられるようにするために、被保険者番号や自己負担割合などを記載した「資格情報のお知らせ」を交付し、受診の際にこのお知らせをマイナンバーカードとともに持参させることで、健康保険の資格確認を行うというのです。

これまで医療機関等で受診をする際に、持参する必要があったのは診察券と健康保険証だけでした。しかし、このまま健康保険証が廃止されれば、診察券の他に、マイナンバーカード、または資格確認書を持参するか、もしくはマイナンバーカードと「資格情報のお知らせ」を持参するかの3パターン（現行の健康保険証が無効になる2025年秋まで、これに健康保険証も加わり4パターンに）になります。さらに、マイナンバーカードで資格確認ができなかった場合は、受診者は窓口で被保険者資格申立書を書くことになります。これでは患者だけでなく、医療機関等の手間が増えるのは確実ですから、医療機関等の窓口は混乱し、新たなトラブルや間違いを引き起こすことになるでしょう。こうした泥縄的な対応も河野大臣にとっては「アジャイルガバナンス」の考えに基づく正しいやり方なのでしょうか。

2つ目は、厚生労働省の社会保障審議会医療保険部会で示された「総点検」です。同部会は9月

7日に開いた第167回会合にて、全ての被保険者に関わる1億6000万件分（過去情報も含む）の資格情報について、住民票情報を記録している住基ネットから取得した生年月日、性別、カナ氏名・漢字氏名、住所と保険者が持つ加入者の個人情報を突合し、誤りがないかを総点検する方針を打ち出したのです。厚生労働省は「不一致の内容に応じて、資格情報や医療情報の閲覧を一時的に停止」し、「保険者や事業主において既に確認済のものその他確認可能なものは点検した上で、必要に応じ、ご本人に確認を求め」、「本人の情報であることが確認できた場合に、閲覧停止を解除」としています。しかし、本文でも書いたように住民票と保険者が持つ情報が一致していないケースは決して珍しくはありません。不一致を見つければ見つけるほど、オンライン資格確認が一時停止される被保険者が増え、医療機関等の窓口での混乱はますます大きくなるでしょう。

今回、医療保険部会が示した突合策に対し、保団連は「医療保険者、事業所もしくは被保険者にその後の確認作業を丸投げする形」となる一方、「現時点で件数が不明なため作業工程や作業労力など数量的なことは不透明なまま」であると、政府の無責任さを指摘しています。

3つ目は、本文でも触れた医療機関の窓口でマイナンバーカードを使った場合、本人の負担割合が誤って表示される問題です。9月13日、保団連は医療機関に対して新たに行ったアンケート（7月14日～8月31日）をもとに、回答施設の13・8％に当たる978医療機関（39都道府県374市区町村）がオンライン資格確認で示された情報と、健康保険証の券面表示が異なるなど負担割合に関わるエラーを経験しているとして、「（この）問題が全国的な広がりをみせていることが鮮明」となったと記者会見で発表しました。さらにこれに加え、「カードリーダーの『高額療養制度を利用する』を押さないと負担割合が反映されず、一律3割負担となってしまう」ケースや、「マイナ保険証によるオンライン資格確認で得られた負担割合に基づき請求し、後で返戻されるケースが全国で55医療機関も寄せられている」ことを明らかにしました。

こうしたエラーの原因が、保険者の登録間違いにあるのか、オンライン資格確認等システムにあるのか、医療機関がレセプト処理などのために使っているコンピュータシステムにあるのかは、現時点では定かではありません。しかし、オンライン資格確認がこうしたトラブルを引き起こしているのは事実です。少なくともエラーの原因が明らかとなり、間違いが解消されるまで、オンライン資格確認の運用は混乱を避けるために停止すべきではないでしょうか。

4つ目は、9月20日に個人情報保護委員会が行った公金受取口座の誤登録問題についてのデジタル庁への行政指導です。その内容は、①誤登録はオンライン手続きにおける本人確認が不十分であったためであり、登録手続全体を通じた実効的な本人確認の手法について検討すること ②個人情報の漏えい等が発生した場合の対応に関する各規程の内容を全職員に正しく理解させた上で、漏えい等が起きた際には、適時適切に上位者へ報告させ、事実関係を組織内で共有して安全管理上の対応を策定するための体制を整備するなど、組織的安全管理措置に改善をすること ③デジタル庁は、特定個人情報等の取扱手順の見直しを行い、市区町村と情報共有を図るなど、組織的安全管理措置を講ずること ④漏えい等の報告対象の事態を把握した場合は、速やかに当委員会に漏えい等報告を提出できるよう、報告義務について職員の理解を醸成する教育を実施するなど、人的安全管理措置を講ずることなどです。

どれもこれも、デジタル庁が指導を受けるべきレベルの話ではありません。職員の理解云々などは、本来、デジタル庁が他の行政機関等に指導しなければならない類いのものです。こんな体たらく、かつ、無責任なデジタル庁に、日本のデジタル化政策を任せておくのは、個人情報保護、人権擁護の面から見て大変危険ではないでしょうか。

なお、今回の行政指導に対し、同日、デジタル庁は、個人情報保護体制の強化に向け、「個人情報保護関係規程の庁内への周知徹底を図るとともに、研修内容を更に充実し、職員の個人情報保護に対する意識の向上に向けた取組を推進してまいります」などと、今さらながらのことを書いた文書をデジタル庁のサイトに掲載しています。

また、河野デジタル大臣は2日後の22日の記者会見で、個人情報保護委員会からの行政処分を行政処分ではなく『通知』を受けたと表現した上で、再発防止に努めるとしましたが、国民に対する謝罪の言葉はありませんでした。もっとも、デジタル庁設置法によれば、同庁のトップはデジタル大臣ではなく、内閣総理大臣です。ですから行政処分を受けたことに対して真っ先に謝罪すべきは岸田首相なのです。

そして、最後の1つは、2023重点計画に基づきデジタル庁に設けられた「次期個人番号カードタスクフォース」（座長：手塚悟・慶應義塾大学教授）の話です。9月7日の第1回会合での配付資料「次期個人番号カード仕様に係る検討事項について」には検討事項が事細かく記載されています。

例えば、マイナンバーカードの盗難・紛失時に悪用されるのではないかとの懸念があることから、氏名・生年月日・住所の情報や顔写真、さらにはマイナンバー自体も記載すべきか、ICにのみ記録するのはどうかです。「検討事項について」は、そのためには対面で本人確認を必要とする全ての現場でICの情報を読み取る環境が整っていることが必要となるが、現時点ではまだ現行通りが現実的かとしています。将来、ICが読めるカードリーダーや、タブレットなどが様々な「現場」に置かれるようになれば、真っ白なカードとなるかも知れません。

また、マイナンバーカードには交付主体である住所地の市町村長名が記載されていますが、これを国の保証のもとに発行されていることを明確化するために、総務大臣と市町村長名の連名などにすることも検討事項とされています。これは、検討事項の1つである生年月日の西暦表示や、氏名のローマ字併記とともに、国外でもマイナンバーカードを身分証として使わせるためのものです。

さらに、河野大臣の発言で話題になったマイナンバーカードの呼称についても、「マイナンバーカードを民間事業者が活用する場合をはじめ、マイナンバーを利用しないカードの活用法も現実には多くあるが、こうしたケースでも、呼称のためにマイナンバーが利用されていると誤解されるなど、マイナンバー利用事務とカードの利活用が混同されている場合がある。こうした混乱を回避するために、『マイナンバーカード』の名称を変える必要があるとの意見もある」として検討事項とされています。本文で指摘したように、マイナンバーカードの性格がマイナンバーを証明するものから、公的個人認証の電子証明書の容れ物に変わってきていることからこうした話が出てきているのであって、河野大臣の思いつきやパフォーマンスではありません。

政府は、多くの国民が抱えるマイナンバーカードへの不安も、持つことを望まない人たちの意思も何ら意に介することなく、マイナンバーカードのバージョンアップを本気で考えているのです。このまま進めさせて本当に良いのでしょうか。

あとがきが長くなってしまいましたが、本書が当面の健康保険証廃止反対の運動だけでなく、マイナンバー制度の是非を巡る議論の活発化とマイナンバー制度そのものの廃止へ向けた運動に役立つとともに、日本の個人情報保護制度のレベルを少しでも引き上げることにつながるなら幸甚です。

最後になりましたが、前著に続き、同じテーマでの執筆をする機会を与えていただいた日本機関紙出版センターと丸尾忠義さんに感謝の意を表したいと思います。ありがとうございました。

２０２３年10月　黒田　充

【著者紹介】

黑田　充（くろだ　みつる）

1958年大阪市生まれ。自治体情報政策研究所代表。一般社団法人 大阪自治体問題研究所理事。元大阪経済大学非常勤講師。
大阪府立大学工学部電気工学科卒業後、松原市役所に就職し、総務、税務に携わる。1997年に退職し立命館大学大学院社会学研究科へ進学、修士号取得。
著作に、『地域・自治体運動のためのインターネット入門』（自治体研究社、2000年）、『「電子自治体」が暮らしと自治をこう変える』（自治体研究社、2002年）、『2011年、テレビが消える』（自治体研究社、2006年）、『Q&A共通番号　ここが問題』（自治体研究社、2011年）、『共通番号制度のカラクリ』（現代人文社、2012年、共著）、『マイナンバーはこんなに恐い!』（日本機関紙出版センター、2016年）、『税金は何のためにあるの』（自治体研究社、2019年、共著）、『あれからどうなった?　マイナンバーとマイナンバーカード』（日本機関紙出版センター、2020年）、『何が問題か　マイナンバーカードで健康保険証廃止』（同、2023年）などがある。

健康保険証廃止にストップを
マイナンバーカードと保険証の一体化、その目的は医療情報の利活用

2023年11月1日　初版第1刷発行

著者　黑田　充
発行者　坂手　崇保
発行所　日本機関紙出版センター
〒553-0006　大阪市福島区吉野3-2-35
TEL06-6465-1254　FAX06-6465-1255
DTP　Third
印刷・製本　シナノパブリッシングプレス
編集　丸尾忠義

ISBN978-4-88900-286-7